성전,
사랑과 그 설렘

"주님 닮은 선한 목자 되라"

가르쳐 주신

어머님, 이 말순 권사님께 바칩니다.

성전, 사랑과 그 설렘

지은 이 · 이운연
펴낸 이 · 이운연
초판 발행 · 2011년 3월 9일
        2014년 6월 10일

펴낸 곳 · 그라티아출판사
주소 · 전남 여수시 덕충동1744-1
전화 · 070-7164-0191
팩스 · 070-7159-3838
홈페이지 · http://cafe.daum.net/Gratia
이메일 · luy4230@nate.com
디자인 · 디자인집 02-521-1474
ⓒ 그라티아출판사 2011

  값 10,000원

ISBN 978-89-965712-5-4

Printed in Korea

성전,
사랑과 그 설렘

이운연 지음

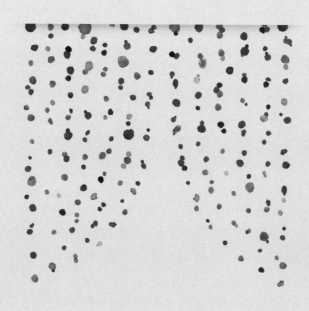

그라티아

일러두기

1. 성경본문은 개역과 개역개정이 함께 쓰였습니다. 처음 이 책을 쓸 때, 또는 설교를 준비할 때는 개역을 주로 썼습니다. 하지만 개역개정이 그 내용이 크게 달라지지 않아서 별 불편은 없으리라 생각되어서 일일이 개역개정으로 바꾸는 작업을 하지 않았습니다.

2. 성경공부 문제는 설교 내용의 복습이 대부분입니다. 하지만 설교에서 다루지 않은 내용도 있습니다. 설교의 흐름 때문에 자세히 다루지 않은 본문 내용이나 관련 교리문답을 다루기도 했습니다.

3. 문제에 대한 답은 성경 본문, 혹은 설교문에서 다 찾아낼 수 있습니다. 혹 어렵게 느껴지더라도 조금만 더 생각해 보면 이해가 되리라 생각됩니다. 혹 그래도 이해가 어려우시다면 홈페이지에 질문을 올려주시면 감사하겠습니다. 성심껏 답을 하겠습니다. 이메일로 문의를 주셔도 좋습니다. luy4230@gmail.com

추천사

먼저 사랑하는 제자 이 운연 목사의 설교가 출간됨을 기뻐한다.

사람들의 흥미를 끌고 세상에서의 번영의 길을 전하는 오늘의 많은 설교자들의 설교와는 달리 이 책에 수록된 설교는 신구약 성경이 주는 복음 진리를 순수하고 성실하게 전하여 준다. 이 목사는 현대의 설교자들이 접근하고 다루기 어려워하는 구약시대의 성막/성전을 신약시대의 교회와 하늘의 예루살렘과 연관하여 쉽고 자세하게 설명함으로 일반 그리스도인들로 하여금 성막과 성전의 어려운 의미를 잘 이해할 수 있게 한다. 자비로운 하나님은 에덴에서 범죄 함으로 더 이상 그분을 만날 수 없게 된 인간에게 사랑 안에서 성막과 성전을 통해 다시 만나고 함께할 수 있는 은혜로운 길을 열어주신다. 나아가 성막과 성전의 희생 제물로 예표된 어린양 예수 그리스도의 속죄적 죽음을 통해 참된 성전인 교회와 새 예루살렘에서 그의 백성과 영원히 함께하는 임마누엘의 약속을 이루신다.

오늘 많은 설교자들에게 신학이 없다. 그러나 이 운연 목사의 설교 저변에는 바른 개혁 신학이 자리 잡고 있음을 보게 된다. 신약 구약이 하나의 책이요 거기에 담긴 언약도 하나라는 사실을 잘 밝혀주고 있다.

설교는 연설도 웅변도 아니다. 설교는 하나님의 말씀의 봉사이다. 이 설교들이 오늘의 많은 설교자들에게 좋은 참고가 되리라 믿어 의심치 않는다. 많은 그리스도인들이 이 책을 읽고 신령한 유익을 얻어 누릴 수 있기를 바란다.

2011. 1. 12

신학박사 **허 순길**(전 고려신학대학원장)

서문

재미있는 구약의 역사?

초등학교 4학년 겨울이었던 것 같습니다. 저희 어머님께서 호롱불 빛에 의
존해서 열심히 성경을 읽고 계셨습니다. 그러다 잠시 저를 돌아보시면서
말씀하셨습니다. 얼마나 재미있는지 모른다고, 구약 성경의 전쟁과 역사가
참 재미있다고. 저도 언젠가 '내 성경책'이 생기면 저 재미있는 성경을 열심
히 읽으리라 결심했습니다.

　　대학 시절 나름대로 열심히 성경을 읽고 묵상했습니다. 그런데 구약
이 그다지 재미있어 보이지 않았습니다. 주님의 삶과 말씀이 담긴 복음서
나 바울의 로마서에 비하면 '재미'가 없었습니다. 감동이 신약만 못했습니
다. 내용이야 그럭저럭 이해한다 해도 이 말씀이 왜 오늘 우리에게 '은혜
로운 하나님의 말씀'인지를 이해하기는 어려웠습니다. '성경 66권은 하나
님의 말씀'이라는 선언이야 자주 들었지만 구약이 왜, 어떻게 '오늘, 우리'
에게도 하나님의 말씀인지를 구체적으로 알지를 못했습니다. 정말 가슴에
'와 닿지' 않았습니다.

　　그래서 어머님께 여쭈어 보았습니다. 구약이 지금도 여전히 재미있으
십니까? 어머님 답은 이랬습니다.

　　"봉사 삼밭 지나가다."

장님이 삼밭을 지나는지 대밭을 지나는지 알 길이 없지 않느냐는 말씀이었
습니다. 충격이었지만 당연한 답이라고 생각했습니다. 열왕기의 그 복잡한
왕들의 이름과 사건들을 일목요연하게 정리해서 이해하고 계실 리도 없었
겠거니와 설혹 정리가 되어 있다 해도 그 역사의 신약적인 의미를 이해하지
못하셨다면 그다지 재미가 지속될 리도 없다고 생각했기 때문이었습니다.
학교에서 성경관련 과목들을 제법 배우고 있는 제게도 이스라엘의 역사가
그다지 재미가 있지는 않았으니 말입니다.

가슴 답답하게 하는 성전?

구약이 왜 우리에게 하나님의 말씀일까요? 특히나 성전을 중심한 많은 분량의 구약이 오늘 우리에게 무슨 의미가 있을까요?

혹시 '성전'이라는 말만 들어도 가슴이 답답해 오지 않습니까? 복잡하고 어려워서 가슴이 답답하고, '성전 건축헌금' 때문에 성전에 대한 알레르기가 더 심해지고 있지는 않습니까?

성전이 우리에게 정말 '은혜로운' 건물이라는 사실을 생각해 보셨는지요? 성전과 성막은 하나님의 지극한 사랑이 아주 분명하게 계시된 건물입니다. 거기에는 당신의 백성들을 만나고 싶어 하시는 하나님의 사랑이 절절히 배어 있습니다. 사랑의 하나님을 만나고 느낄 수 있는 집입니다. 아울러 백성들이 하나님을 향해 사랑을 고백하는 곳이기도 합니다. 그러니 성전은 하나님과 그 백성들 간의 '사랑의 설렘'이 가득합니다.

11편의 설교를 통해서 성전을 낱낱이 다 파헤쳐 볼 수는 없었습니다. 다만 성전이 '사랑의 설렘'이 있는 집임을 살펴보고자 했습니다. 이 설교들을 통해서 '성전'에 대한 '가슴답답증후군'이 조금이라도 치유되었으면 합니다. 성전이 구약 백성은 말할 것도 없거니와 새 언약의 백성인 우리의 가슴까지 얼마나 뛰게 하는지를 느낄 수 있기를 바랍니다.

이해를 돕기 위해서 각 설교 말미에 묵상문제를 첨부했습니다. 성경공부용으로 활용하실 수 있을 겁니다. 지체들이 미리 내용을 읽고 와서 그 문제들로 토론을 한다면 유익하리라 생각됩니다.

아무쪼록 이 책이 성전을 통해 계시된 하나님의 사랑을 깨닫는데 조금이라도 보탬이 되기를 소망합니다.

2011. 벽두에
여수 마래산 산자락에서 **이 운연**

목차

첫째마당

하나님을
만날 수 없는 사람들

출애굽기 33:7-16

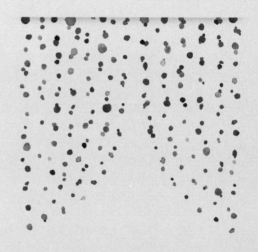

출애굽기 33:7-16

[7]모세가 항상 장막을 취하여 진 밖에 쳐서 진과 멀리 떠나게 하고 회막이라 이름하니 여호와를 앙모하는 자는 다 진 바깥 회막으로 나아가며 [8]모세가 회막으로 나아갈 때에는 백성이 다 일어나 자기 장막 문에 서서 모세가 회막에 들어가기까지 바라보며 [9]모세가 회막에 들어갈 때에 구름 기둥이 내려 회막 문에 서며 여호와께서 모세와 말씀하시니[10]모든 백성이 회막 문에 구름 기둥이 서 있는 것을 보고 다 일어나 각기 장막 문에 서서 예배하며 [11]사람이 자기의 친구와 이야기함 같이 여호와께서는 모세와 대면하여 말씀하시며 모세는 진으로 돌아오나 눈의 아들 젊은 수종자 여호수아는 회막을 떠나지 아니하니라 [12]모세가 여호와께 아뢰되 보시옵소서 주께서 내게 이 백성을 인도하여 올라가라 하시면서 나와 함께 보낼 자를 내게 지시하지 아니하시나이다 주께서 전에 말씀하시기를 나는 이름으로도 너를 알고 너도 내 앞에 은총을 입었다 하셨사온즉 [13]내가 참으로 주의 목전에 은총을 입었사오면 원하건대 주의 길을 내게 보이사 내게 주를 알리시고 나로 주의 목전에 은총을 입게 하시며 이 족속을 주의 백성으로 여기소서 [14]여호와께서 이르시되 내가 친히 가리라 내가 너를 쉬게 하리라 [15]모세가 여호와께 아뢰되 주께서 친히 가지 아니하시려거든 우리를 이 곳에서 올려 보내지 마옵소서 [16]나와 주의 백성이 주의 목전에 은총 입은 줄을 무엇으로 알리이까 주께서 우리와 함께 행하심으로 나와 주의 백성을 천하 만민 중에 구별하심이 아니니이까

첫째 마당

하나님을
만날 수 없는 사람들

출애굽기 33:7–16

---

1. 알레르기
2. 하나님과 아담 사이의 알레르기
3. 하나님과 이스라엘 사이의 알레르기
4. 생명을 위협하는 알레르기
5. 인자와 진실

---

1. 알레르기

알레르기라는 고약한 병이 있습니다. 사람들은 누구나 꽃을 좋아합니다. 하지만 꽃이 만발하는 봄날이면 고통을 겪어야 하는 사람들이 있습니다. 꽃가루 알레르기 때문입니다. 꽃가루가 날리는 계절이면 가려워서 견딜 수 없습니다. 안 겪어 본 사람들은 그게 무슨 병이냐고, 참 유별나다고 할 만한 병입니다.

가을날 따사롭게 쏟아지는 햇볕은 오곡백과가 익어 가는데 유익한 건 말할 필요도 없거니와 사람들의 기분도 상쾌하게 합니다. 하지만, 어떤 사람들에겐 피부에 문제가 생깁니다. 가렵고 상처가 납니다. 이른바 '햇볕 알레르기'입니다. 그런가 하면 집 먼지 진드기 알레르기라는 것 때문에 환절기면 재치기에 콧물까지 정신없이 쏟아내는 사람도 있습니다.

이런 정도는 약과입니다. 알레르기가 심하면 신체 여러 부위와 관절이 이상이 생겨 극심한 고통을 당합니다. 심한 경우는 생명을 위협하는 알레르기도 있습니다. 실제로 알레르기 때문에 사망하기도 합니다.

이런 알레르기는 '맞지' 않아서 생기는 병입니다. 꽃가루와 사람, 햇볕과 피부가 서로 맞지 않아서 생기는 현상입니다.

2. 하나님과 아담 사이의 알레르기

하나님께서 사람을 창조하실 때, 하나님의 형상으로 만드셨습니다. 이 '하나님의 형상'이 구체적으로 뭘 의미하느냐는 접어 두기로 합시다. 다만 사람이 '하나님을 닮았다'는 뜻이며, 그래서 하나님과 사람 사이에는 사랑의 교제가 가능하다는 뜻이라는 정도로만 알고 넘어갑시다. 다시 말하면 하나님과 사람은 함께 있으면 사랑이 깊어진다는 말입니다. 지극히 인간적인 표현을 하나 빌리자면 하나님과 아담은 '깨가 쏟아지는 사이'입니다.

"나는야 친구 되신 하나님과 푸른 초장 한없이 거니네."라는 찬송(어린이 찬송에 있습니다)을 아시는지요? 정말 장미꽃이 만발한 푸른 초장을 연인들이 즐거워 하하호호 웃으면서 달려가다가 앉아서 얘기하는 영화의 한 대목 같은 가사입니다. 하나님과 인간이 에덴에서 그런 모습이었습니다.

어? 그런 말이 성경에 있던가요? 정말 있습니까? 창세기 3:8로 가 봅시다.

> 그들이 날이 서늘할 때에 동산에 거니시는 여호와 하나님의 음성을 듣고 아담과 그 아내가 여호와 하나님의 낯을 피하여 동산 나무 사이에 숨은지라.

그런데 아무리 봐도 아름다운 에덴에서 하나님과 사람이 데이트하는 듯한 모습은 없어 보입니다. 우리말 성경이 가진 어쩔 수 없는 한계입니다. 여기서 '거니시다'라는 이 단어는 문법적으로 '행동의 반복과 습관'을 함축하고 있습니다. 그날만 하나님께서 그 동산을 거니신 것이 아니라 평소에 자주 있었다는 뜻입니다. 늘 있었던 일이었습니다. 하나님께서 동산을 찾아와 거니시면 아담과 하와가 얼른 뛰어나와서 함께 에덴을 산책했습니다. 아까 말씀드린 그 노랫말이 보여주는 그림처럼 하나님과 인간의 데이트가 시작됩니다. 엄마의 느린 걸음도 바쁘게 종종 걸음으로 따라가야 하는 어린 아이마냥 그렇게 하나님을 따라 다녔을 겁니다.

하지만 이 날은 상황이 달랐습니다. 아담과 하와가 선악과를 따 먹음으로써 하나님을 거역하고, 하나님을 이 동산의 주인으로도 인정하지 않고 자기들의 삶의 주인이신 것도 부정했습니다. 범죄했습니다. 그 후에 하나님께서 평소처럼 강림하셨습니다. 하나님께서 오셔서 동산을 거니시는데, 아담과 하와는 나무 뒤에 숨었

습니다. 무슨 숨바꼭질이 아니었습니다. 정말 숨었습니다. 하나님
이 오셨는데 반갑지 않고 거부감이 생기고 무서워서 도망갔습니
다. 이제 사람과 하나님 사이에는 심각한 알레르기가 생겼습니다.

같이 있으면 거북합니다. 거북해서 견디지를 못해 도망가고 숨
어야 했습니다. 엄청난 변화입니다. 하나님의 형상이 변질되었습니
다. 체질이 바뀌었습니다. 하나님 곁에 있을 수 없는 체질이 되
고 말았습니다. 이제는 하나님과 같이 있으면 기쁘기는 커녕 오히
려 불편해지고 불안합니다. 무섭기까지 합니다. 심각한 알레르기
가 생겼습니다.

인간이 하나님과 함께 할 수 없는 이 알레르기를 잘 보여주는
대목이 있습니다. 출애굽기로 가 보겠습니다.

3. 하나님과 이스라엘 사이의 알레르기 출애굽기 20:18-19

> 뭇 백성이 우뢰와 번개와 나팔소리와 산의 연기를 본지라 그들
> 이 볼 때에 떨며 멀리 서서 모세에게 이르되 당신이 우리에게
> 말씀하소서. 우리가 들으리이다. 하나님이 우리에게 말씀하시
> 지 말게 하소서. 우리가 죽을까 하나이다.

이스라엘 백성들이 애굽 땅에서 종살이를 하고 있었습니다. 아주
처참한 삶을 살면서 고통하고 있었습니다. 하나님께서 이스라엘
백성들, 아브라함의 후손들을 그 조상 아브라함을 생각하셔서 건
져내셨습니다.

그리고는 광야에서 하나님의 백성들은 어떻게 살아야하는지

를 가르치셨습니다. 그 가르침이 십계명으로 요약됩니다. 하나님께서 이 십계명을 주시려고 이스라엘 백성을 찾아 오셨습니다. 하나님께서 오시자 천둥 번개에 나팔 소리가 들렸고 온 산이 연기로 뒤덮였습니다. 이스라엘 백성들이 놀랐습니다. 무서웠습니다.

이스라엘 백성들이 모세에게 호소했습니다. "무서워 죽겠습니다. 하나님은 당신만 상대하시고, 하나님께서 우리에게 직접 말씀하시지 않게 해 주십시오." 하나님에 대한 극심한 알레르기 반응입니다. 정말 생명을 위협하는 알레르기 수준까지 갔습니다.

이처럼 사람은 이제 하나님과 만나면 즐거운 사이일 수가 없음이 이렇게 확연하게 드러났습니다. 하나님이 자기 백성에게 오셔도 그 백성이 감당해 낼 수가 없게 되었습니다.

이렇게 두려워하는 이스라엘에게 하나님께서는 이렇게 경고하셨습니다.

> 너희는 나를 비겨서 은으로 신상이나 금으로 신상을 너희를 위하여 만들지 말고 (출 20:23)

하나님의 모습이랍시고 괴상한 것을 만들지 말라고 명하셨습니다. 그런데 놀랍게도 이스라엘은 이 말씀 이후에 바로 그 죄를 범합니다.

4. 생명을 위협하는 알레르기
─하나님께서 이스라엘을 쓸어 버리실지도 … (출애굽기 33장)

20장에서 주신 경고의 말씀에도 불구하고 이스라엘은 범죄했습니다. 모세가 십계명을 비롯한 율법을 받기 위해서 시내산에 올라갔습니다. 거기서 40일을 지내며 하나님의 율법을 받고 있었습니다. 이 때 산 아래에 있는 이스라엘 사람들은 불안했습니다. 하나님을 대신하던 모세가 보이지 않았기 때문입니다. 그래서 하나님을 눈으로 볼 수 있게 신상(神像)을 하나 만들었습니다. 금으로 송아지 상을 만들어 놓고는 '이는 너희를 애굽 땅에서 인도하여 낸 너희 신이로다'라고 외쳤습니다. 여기서 '신(神)'은 '하나님'으로도 번역될 수 있습니다. 아니 그렇게 번역하는 것이 더 타당합니다.* 그러니 이렇게 외친겁니다.

> "이 송아지가 바로 너희를 애굽에서 인도해 내신 여호와 하나님이시다."

하나님을 두려워하여 떨고 있는 이스라엘에게 하나님께서 친히 경고를 하셨음에도 불구하고 이스라엘은 바로 그 죄를 짓고 말았습니다.

이 일 후에 하나님의 심판이 있었습니다. 그리고는 하나님께서 모세에게 이렇게 말씀하십니다. 33장 1절~3절 말씀입니다.

---

* 히브리어로 '엘로힘'은 우리가 아는 '하나님'입니다. 이 단어가 '신(神)'의 복수이기도 합니다. 하지만 본문의 엘로힘이 '신들'일 가능성은 없어 보입니다. 금송아지 '하나'를 만들었으니까요. ESV나 NIV같은 영어 성경도 gods로 번역하고 있습니다. 차마 아론이 금송아지를 보고 '여호와 하나님'이라고 선언했다고는 믿고 싶지는 않아서인 듯합니다. 이스라엘을 애굽에서 인도해낸 여호와 하나님을 믿지만 자기들 방식대로, 내 눈으로 쉽게 볼 수 있고, 내가 이해하기 쉬운 방식으로 믿겠다는 신앙입니다. 하나님께서 보여주신 대로 믿는 '계시 중심'의 신앙이 아니라 인간중심의 방식, 이른바 인본주의적인 방식의 표본이라 할 수 있습니다. 우리에게 좋은 경고를 주고 있는 사건입니다. New International Version, English Standard Version, 예전에는 NIV가, 최근에는 ESV가 개혁주의, 복음주의권에서 널리 인정받고 있습니다. ESV가 좀 더 문자적인 번역을 택하고 있는 것으로 평가받고 있습니다.

"너는 네가 애굽 땅에서 인도하여 낸 백성과 함께 여기서 떠나서 내가 아브라함과 이삭과 야곱에게 맹세하기를 네 자손에게 주마 한 그 땅으로 올라가라. 내가 사자를 네 앞서 보내어 가나안 사람과 아모리 사람과 헷 사람과 브리스 사람과 히위 사람과 여부스 사람을 쫓아내고 너희로 젖과 꿀이 흐르는 땅에 이르게 하려니와 나는 너희와 함께 올라가지 아니하리니 너희는 목이 곧은 백성인즉 내가 중로에서 너희를 진멸할까 염려함이니라."

범죄한 이스라엘은 하나님과의 사랑이 깨어졌습니다. 이제는 하나님 편에서 그들에 대한 알레르기 반응이 옵니다. 같이 있으면 불이 온 산을 다 태워 삼키듯이 하나님께서 이스라엘을 불태워 없애 버리실 것만 같다고 하십니다. 생명을 위협하는 알레르기입니다. 그래서 주께서 사자(使者, 천사)를 보내셔서 가나안 사람들을 다 쫓아내 주시겠다고 약속하시면서도 '나는 같이 갈 수가 없다'고 하십니다.

이 말씀을 전해들은 이스라엘이 울고불고 난리가 났습니다. 이 하나님과 이스라엘의 알레르기를 해결하기 위해 모세가 나섰습니다. 모세가 텐트를 들고 이스라엘이 모여 있는 진 밖으로 나갑니다. 하나님께서 이스라엘 안에 오시면 백성들은 두렵고, 하나님께서 그들을 멸하실 지도 모르는 이 심각한 알레르기 때문에 모세가 텐트 하나를 진에서 멀리 떨어진 곳에 칩니다. 그리고 거기에서 하나님을 만났습니다. 그리고는 하나님께 이 백성들을 살려 달라고 기도합니다(33:12-13).

이렇게 모세가 하나님을 만나기 위해 친 텐트를 회막(會幕)이라고 불렀습니다. 하나님께서 모세를 '만나는' 텐트라는 말입니다. 이 회막에 모세가 들어가면 회막 문 앞에 구름 기둥이 세워졌습니다. 이 구름은 하나님께서 임하셨다는 상징입니다. 모세가 회막에 들어가고 나서 그 문 앞에 구름 기둥이 세워지면 하나님께서 강림하셔서 모세와 말씀을 나누시고 계심을 사람들이 알 수 있었습니다. 그래서 함부로 다가오지 못하게 하셨습니다. 알레르기 때문입니다.

이 때 하나님께서 모세와는 '친구처럼' 대화하셨습니다. 여기에 이스라엘과 우리의 희망이 있습니다. 죄인은 하나님을 마주할 수 없지만, 이같이 친구처럼 대화하신 예도 있습니다. 모세 이전에도 있었습니다. 앞서 말씀 드린 대로 아담에게 그렇게 대하셨습니다. 그리고 아브라함에게 소돔의 멸망을 예고하실 때도 마치 친구와 대화하는 듯한 느낌을 줍니다.

이런 일은 후에도 있었습니다. 바로 예수님입니다. 그 분은 제자들을 친구라고 부르셨습니다(요 15:13-15). 심지어 죄인들의 친구라는 불명예를 얻으셨습니다(누가복음 7:34). 하지만 그 분은 그 칭호를 명예로 여기셨습니다.

모세가 하나님을 향해 기도하는 대목을 보면 인간이 하나님 앞에 나아갈 수 있는 가능성이 보여 기쁘지 않을 수 없습니다. 하나님께서 모세의 기도에 그만 '항복'하고 마십니다. "내가 친히 가리라(출33:14)."

5. 인자와 진실

하나님께서 친히 가시겠다는 응답을 받은 모세는 더 응석을 부립니다. "주님의 영광을 보여주십시오."(33:18) 하나님은 이 기도를 들으시고 친히 영광을 보여주십니다. 이스라엘이 범죄하여 하나님과 이스라엘 사이에 알레르기가 극심해진 이 상황에서 모세는 하나님을 직접 뵈옴으로써 오히려 이 알레르기를 극복하고자 합니다.

이때 하나님께서 임하시면서 이렇게 선포하십니다.

> "여호와로라, 여호와로라. 자비롭고 은혜롭고 노하기를 더디하고 인자와 진실이 많은 하나님이로라." - 출 34:6

화가 나서 이스라엘을 확 쓸어버릴까봐 스스로 참으시면서 이스라엘을 멀리 하시려던 하나님께서 모세의 간청과 기도에 못 이겨 다시 이들에게 오시기로 결심하십니다. 그리고 오셔서 하신 첫 마디는 '은혜롭고 노하기를 더디하시는 하나님'입니다. 이를 다시 강조해서 이렇게 말씀하십니다.

> "인자와 진실이 많은 하나님이로다."

인자(仁慈)! 이 단어를 우리는 잘 압니다. 히브리말로 '헤세드'입니다. '인애'라고도 번역됩니다. 저는 '자애(慈愛), 자애로우심'이라는 말을 더 좋아합니다. 그리고 이어지는 '진실'은 오히려 '성실'로 번역하는 것이 더 어울려 보입니다.* 두 단어는 구약에서 함께 등장하는 경우가 많은데 두 단어를 합쳐서 번역하면 '변함없는 사랑'입니다.**

화가 머리끝까지 나서 등을 돌리시려던 하나님이 이스라엘에

---

* 이 단어가 '진실'(출34:6, 호 4:1), '진리'(시 40:10, 57:10), '성실'(창 24:27) 등으로도 번역되었습니다.
** 이 두 단어가 동시에 나타난 본문을 한글 성경은 인자와 진실, 인자와 진리, 인자와 성실, 인애와 성심 등 여러 가지로 번역하고 있습니다.

게 다시 찾아 오셔서 하시는 말씀, "나는 변함없이 자애로운 여호
와 하나님이라!"

돌아 앉아 다시는 안 보겠다고 하시던 하나님께서 화를 푸시
고 되돌아 앉으시면서 선언하십니다. 나는 사랑의 하나님이라. 화
를 내시거나 천둥 같은 소리를 지르시지 않으셨습니다. 책망하시
지도 않으셨습니다. 다만 사랑의 하나님이심을 선언하셨습니다.

이 얼마나 우리를 놀라게 하는 말씀인지요? 바로 이런 하나님
이시기에 이스라엘은 그 분께로 다시 갈 수 있습니다. 두려움과 불
안, 극심한 알레르기 가운데서도 다시 주님께 나아가게 됩니다.

여기에 우리의 희망이 있습니다. 그 하나님께로 우리는 달려
나가야 합니다. 그 변함없는 사랑의 하나님의 품에 안겨야 합니다.

적용

33장 7절 말씀을 봅시다. 모세가 이 회막에 들어가려고 하면,
여호와를 앙모하는 성도들이 일어나 그 회막 근처까지 따라갑니
다. 하나님께서 임하시고 모세에게 말씀하시는 그 곳, 감히 두려워
서 따라 들어가지는 못하지만, 그곳을 향해 다가가고 목을 빼서 바
라보고, 귀를 기울입니다.

모세는 우리가 본받기에는 너무 어마어마한 분입니다. 백성들
을 위해서 하나님께 기도하는 그 모습은 너무 위대해서 본받자고
말하기도 버겁습니다. 하기야 이 모세는 당신의 백성들을 위해서
하나님께 기도하는 예수님이 어떤 분이신지를 보여주는 모델이니
우리에게 벅찬 존재임에 틀림없습니다. 모세를 본받는 것은 사실
지극히 어려운 일입니다.

그렇다 하더라도 이 이스라엘 중에 여호와를 앙모하는 이 사람들 수준으로는 가야하지 않겠습니까? 비록 범죄해서 하나님께서 등을 돌리시고 떠나시게 만든 죄인들이지만, 그래도 하나님께서 이스라엘 중에 다시 와 주신 그 회막을 향해 목을 빼고 그 하나님을 앙모하는 이 백성들을 본받읍시다. 비록 주님을 서운하게 했으며, 그 분이 우리를 떠나시는 것이 당연하다 할 만큼 한심한 수준이 되었을지라도 이제 우리 주님의 임재를 사모하고, 그 분이 우리 중에 와 주심을 갈망하는 마음으로 그 분을 바라봅시다.

그 가련하고 한심한 이스라엘을 향해 다시 얼굴을 돌이키시면서 바로 은혜와 인자를 선언하신 하나님. 그 분을 향해 우리의 얼굴을 들고 그 영광을 사모합시다. 변함없는 사랑의 하나님께서 결코 우리를 외면하지 않으실 것입니다.

1 인간은 하나님의 형상으로 창조되었습니다. 이 말은 사람은 하나님과 _____ 의
   교제가 가능하다는 뜻이었습니다. 함께 동산을 거닐면서 사랑이 깊어가던
   아담이 왜 갑자기 하나님이 오시면 숨고 싶어졌을까요? 하나님 곁에 있을
   수 없는 체질로 바뀐 이유가 무엇이었습니까? 대체 무슨 일이 있었습니까?

2 이런 모습은 이스라엘 백성에게서도 볼 수 있습니다. 하나님이 친히 강림하
   실 때 천둥 번개가 치고 나팔 소리가 들리고 연기가 자욱하니까 이스라엘은
   무서웠습니다. 그래서 모세를 통해서만 말씀하시고 직접 말씀하시지는 말아
   달라고 요청합니다. 만약 친히 말씀하시면 어떤 일이 생길까 염려했습니까?

3 이번에는 하나님 편에서 알레르기 반응을 보이십니다. 하나님께서 친히 애
   굽에서 인도해 낸 이스라엘과 함께 하실 수 없다고 하십니다. 당신의 친 백
   성을 버리시고 떠나시려는 이유는 무엇이었습니까? 출애굽기 33:3을 봅시
   다. 왜 하나님은 이스라엘을 진멸하시게 될까 조심하십니까? 이스라엘이
   무슨 짓을 했습니까?(출애굽기 32장 참조)

4 금송아지 사건 이후에 모세가 하나님을 만나기 위해서 텐트를 이스라엘 진(陣)
   밖에 치고는 거기서 하나님을 만났습니다. 이 텐트를 뭐라 불렀습니까?
   _____ 왜 이 텐트를 이스라엘 진 바깥에 세워야 했을까요?

5 모세가 회막을 설치하고 거기서 하나님을 만났습니다. 그 곳에서 하나님은
   모세와 대화하시되 친구에게 하듯 하셨습니다. 이 때 모세가 이스라엘을
   위해서 기도했습니다. 그 결과 하나님께서 '친히 가겠다'고 하셨습니다. 여
   기서 우리는 예수 그리스도의 모습을 엿볼 수 있습니다. '모세보다 위대한
   모세'이신 예수께서는 오늘도 하늘에서 우리를 위해 아버지 하나님께 간구
   하고 계십니다. 그 예수님께서 지금 무슨 기도를 하실 것 같습니까? 히브리

서 7:25과 요한일서 2:1,2을 참고해서 살펴봅시다.

6 마음을 바꾸시고 이스라엘을 향해서 얼굴을 돌리신 하나님의 첫 선포는 '자
  비롭고 은혜롭고 노하기는 더디하고 _____ 와 진실이 많은 하나님'이
  었습니다. 변함없는 헤세드의 하나님이십니다.

  '인자와 진실'을 묘사하고 있는 성경을 몇 구절 찾아서 살펴봅시다.
  ＊시편 57:10 이 구절은 우리 귀에 매우 익숙합니다.
   대저 주의 _____ 는 커서 하늘에 미치고
   주의 _____ 는 궁창에 이르나이다(개역 시 57:10)

  ＊히브리어로 보면 거의 똑같은 구절이 있습니다.
   시편 108:4입니다.
   대저 주의 _____ 이 하늘 위에 광대하시며
   주의 _____ 은 궁창에 미치나이다.

  원문으로 보면 한 획만 다른 이 구절이 왜 이렇게 다르게 번역되었는
  지는 모르겠습니다. 중요한 건 우리가 살펴보는 두 단어가 어떻게 번
  역되었는지를 보는 것입니다.

  ＊시편 40:11을 봅시다.
   여호와여 주의 긍휼을 내게 그치지 마시고 주의 인자와 진리로 나를
   항상 보호하소서.

   '인자와 진리'가 '변함없는 사랑'으로 번역될 수 있다면 이 기도는 어떻
   게 풀어 볼 수 있을까요?

＊비슷한 기도가 시편 69:13에도 있습니다.

여호와여 나를 반기시는 때에 내가 주께 기도하오니 하나님이여 많은

와 구원의 _____ 로 내게 응답하소서.

그렇다면 이 기도는 어떻게 바꿔볼 수 있을까요?

7 하나님의 백성에게 희망은 언제나 이 헤세드에 있습니다. 지금 우리에게
   도 이 헤세드만이 유일한 희망임을 고백하고 감사하고 기도하십니까? 이
   헤세드의 하나님께 지금 찬송을 한 곡 바칩시다. 어떤 찬송이 좋을까요? '인
   애하신 구세주여', '그 크신 하나님의 사랑'. 어느 곡이든 지금 찬송의 제사
   를 바칩시다. '하나님이시여'라는 복음송도 좋겠네요.

8 하나님께서 회막에 임하시고 그 입구에 하나님의 영광의 상징인 구름 기둥
   을 세우셨습니다. 그 곳에 모세가 들어가면 그 회막 가까이 가서 귀를 기울
   이고 그 하나님 여호와를 앙모하던 이스라엘. 비록 범죄해서 벌을 받았지만
   다시 찾아와 주신 하나님을 앙모하던 그 이스라엘처럼, 회개한 후에 하나님
   을 더 앙모하는지 자신을 살펴봅시다. 그렇게 자기를 살피는 자세가 성찬에
   참여하기 위해서 자기를 살피는 성도의 모습일 것입니다.

둘째마당

그래도
만나시려는 하나님

출애굽기 38:1-5

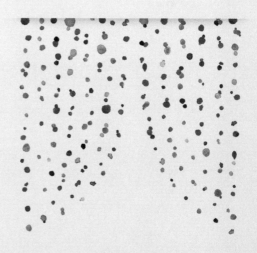

출애굽기 38:1-5

¹그가 또 조각목으로 번제단을 만들었으니 길이는 다섯 규빗이요 너비도 다섯 규빗이라 네모가 반듯하고 높이는 세 규빗이며 ²그 네 모퉁이 위에 그 뿔을 만들되 그 뿔을 제단과 연결하게 하고 제단을 놋으로 쌌으며 ³제단의 모든 기구 곧 통과 부삽과 대야와 고기 갈고리와 불 옮기는 그릇을 다 놋으로 만들고 ⁴제단을 위하여 놋 그물을 만들어 제단 주위 가장자리 아래에 두되 제단 절반에 오르게 하고 ⁵그 놋 그물 네 모퉁이에 채를 꿸 고리 넷을 부어 만들었으며

그래도
만나시려는 하나님

출애굽기 38:1-5

---

1. 그럼에도 불구하고
2. 성막에서
3. 성막 마당
4. 번제단
5. 예수님의 보혈

아담이 범죄한 이후로 인간은 하나님을 만날 수 없는 존재가 되고 말았습니다. 하나님께서 만드셨고 하나님을 닮았을 뿐 아니라 하나님과 사랑의 교제를 나눌 수 있는 존재로 창조된 인간은 이제 하나님께서 다가오시니까 가슴이 답답해지고 머리가 아파옵니다.

아담의 생명은 하나님에게서 시작되었습니다. 그런데 이 아담이 하나님께서 가까이 오시면 불편합니다. 가까이 계시니 오히려 죽을 것만 같았습니다. 정말 하나님에 대해서 인간은 심각한 알레르기가 오고 말았습니다. 그가 지은 죄 때문에 아담은 체질이 변해 버렸습니다.

더 큰 문제가 생겼습니다. 이제는 하나님께서도 그를 그냥 받아주실 수는 없게 되어 버렸습니다. 거룩하시고 깨끗하신 하나님께서는 당신께 순종하지 않고 남을 배려할 줄 모르는 이기적인 인간을 용납해 주실 수가 없게 되었습니다. 인간은 하나님을 닮았고, 하나님과 사랑을 나눌 수 있는 존재였는데, 이제는 하나님과 함께 있기조차 힘들어졌습니다.

이런 모습을 우리는 이스라엘에게서도 보았습니다. 하나님께서 그들에게 오셔서 직접 말씀하시니까 두려웠습니다. 그래서 모세하고만 말씀하시라고 간청했습니다. 뿐만 아니라 이들이 큰 죄를 짓고 나자, 하나님께서는 그들과 함께 하지 않으시겠다고 하시면서 돌아 앉아 버리셨습니다. "너희들과 함께 있으면 내가 너희를 다 죽여 버릴지도 모르겠다."

인간은 이제 하나님과 함께 할 수 없는 존재가 되고 말았습니다.

1. 그럼에도 불구하고

그럼에도 불구하고 하나님 그 분은 '우리와 함께 하시려는 하나님', 바로 임마누엘의 하나님입니다. 하나님은 성품상 자기 백성과 함께 하고 싶어 하시는 하나님이십니다. 마치 혼자 계시면 몸살이라도 나실 분처럼 자기 백성에게로 다가가지 않으면 견디지 못해 하십니다. 오해하지 않도록 조심해야 합니다. 하나님은, 거룩하신 삼위 하나님은 우리 같은 피조물들이 없어도 모자람이 없으십니다. 홀로 영광스러우십니다. 충분히 영광스러우십니다. 그럼에도 불구하고 하나님의 백성이 없으면 마치 외롭고 쓸쓸하고 추우시기라도 하신 것처럼 당신의 백성에게 다가오십니다.

그래서 하나님께서는 죄 지은 아담에게 다가오셨습니다. 스스로 문제를 해결할 수 없고 마귀의 손아귀에서 벗어날 수 없는 아담에게 다가가셨습니다.

그 하나님께서 이스라엘과 함께 하시고 그 백성을 향해 다가오시겠다고 하십니다. 하지만 여전히 문제가 남아 있었습니다. 그 분이 이스라엘 백성에게 오셔도 이 백성들은 하나님께 나아갈 수 없습니다. 왜 그렇습니까? 이유가 뭡니까? 인간이 하나님을 만날 수 없게 된 이유가 뭐였습니까? 죄 때문이었습니다. 죄 때문에 하나님과 인간은 함께 할 수가 없게 되었습니다. 이 문제를 해결해야 합니다.

2. 성막에서

하나님께서 이 이스라엘 가운데 와 계시기로 하셨습니다. 그래서 하나님께서 모세에게 하나님의 거처를 마련하라고 하셨습니다. 하나님의 텐트를 지으라고 말씀하셨습니다. 저번에 모세가 하나님과 대화하기 위해서 만들었던 회막이 아닌 하나님께서 정하신 방법대로 천막을 치라고 명하셨습니다. 단순한 천막이나 텐트는 물론 아닙니다. 꽤나 복잡한 양식대로 만들었습니다. 이 천막을 하나님의 천막, 거룩한 천막, 그래서 성막이라고 부릅니다. 제1장 설교에서 봤던 원래의 회막은 없어집니다. 나중에는 성막을 회막이라고도 부릅니다.

이 성막은 방이 둘입니다. 안쪽은 하나님께서 거하시는 방입니다. 여기에는 하나님께서 앉아 계시는 자리를 만들었습니다. 왕이 앉는 자리를 보좌, 옥좌, 용상(龍床)이라고 합니다. 성막 혹은 성전 제일 안쪽에 하나님의 방을 만들고 거기에 하나님의 자리를 만들었습니다. 하나님의 보좌입니다. 이 보좌를 성경은 속죄소 혹은 시은좌(施恩座)라고 부릅니다. 시은좌는 '은혜를 베푸시는 자리'라는 뜻입니다. 이 시은좌 위에다가 하나님의 상(像)을 만들어 놓치는 않았습니다. 대신 그 보좌 좌우에 날개를 펴서 보좌를 호위하고 있는 천사 둘을 만들어 놓습니다. 그 보좌와 천사는 금으로 만들었습니다. 그리고 이 하나님의 보좌의 좌대는 십계명 돌판이 담긴 언약궤였습니다.

이 하나님의 방을 지성소(至聖所)라 불렀습니다. 그리고 그 앞에 방은 성소(聖所)라고 부릅니다. 성소에는 왼편에는 일곱 가지 등대가 세워져 있고 중간에는 향을 피워 바치는 향단이 있습니다. 그리고 오른쪽에는 떡상이 있습니다. 이 상위에 올려놓는 떡을 성경에 진설병이라고 합니다. 이런 것은 다음 기회에 다시 설명하겠습니다.

3. 성막 마당

마당으로 나가 봅시다. 이 마당을 둘러싸고 있는 담장이 있습니다. 나무 기둥을 세우고 천으로 둘러친 담장입니다. 6-70년대에 시골 장터에서 만날 수 있던 가설극장을 연상해 봐도 괜찮을 듯합니다. 추수가 끝나면 찾아오던 가설극장단의 방문은 시골 사람들에게는 그래도 '문화생활'을 누리게 하는 가슴 설레는 연례 행사였습니다. 사방에 기둥을 세우고 그 사이를 사람 키 높이가 훨씬 더 되는 천으로 연결합니다. 그 천이 극장 벽이 됩니다. 그래서 사각의 노천극장, 지붕없는 극장이 됩니다. 이 가설극장의 입구는 두 개의 기둥으로 되어 있습니다. 삼면은 그냥 천으로 다 막혀있고 한 면 구석에만 기둥 둘을 간격을 좁게 세우고 거기만 막혀 있지 않습니다. 사람 하나가 겨우 지나갈 정도로 좁게 기둥을 세워 놓습니다.

성막 문은 어땠을까요? 성막 담장은 삼면이 천으로 되어 있고 동편으로 문이 나 있습니다. 동편 담장 중간에 기둥 둘을 세웁니다. 여기가 출입문입니다. 기둥 간격이 9미터입니다. 그리고 천을 드리워 대문을 대신하게 만들어 놓았습니다.

성막 배치도

	50		
	10		
언약궤		10	지성소
향단			성소
등대		20	
떡상			100

○ 물두멍

5
5 번제단

성막뜰
15   20   15

단위 : 규빗(약 45cm)

4. 번제단

그런데 이 커튼을 젖히고 성막 마당으로 들어서면 바로 '번제단'이 있습니다. 높이가 1m 30cm, 가로 세로가 각각 2m 20cm 정도였습니다. 이 단은 조각목, 즉 아카시아 나무로 만들어서 놋쇠로 감쌌습니다.

그 네 모퉁이에는 뿔을 만들었습니다. 이 뿔은 하나님의 권능의 상징이었습니다.

이 번제단은 이스라엘 백성들이 하나님께 제사를 드리는 곳이었습니다. 번제니, 속죄제니 하는 이름들이 조금은 우리를 헷갈리게 하는 어려운 면이 있어 보입니다. 사실 연초에 성경을 작심하고 읽어 나가려다가 보면 출애굽기 20장을 지나면서 이 성막 만드는 부분에서 지루해지기 시작합니다. 그러다가 레위기 들어가면 완전히 포기하게 되죠.

그러나 포기해서는 안 됩니다. 이 성막의 모든 기구는 귀중한 영적인 의미가 담겨 있습니다. 자세히 살펴보면 우리에게 주시는 은혜로운 말씀입니다. 이제 하나씩 살펴보고 주께서 주시는 은혜를 즐기도록 합시다.

번제단의 위치

성막이 뭡니까? 하나님의 집입니다. 하나님의 집에 당연히 하나님의 방이 있겠지요. 성막 본채 안 쪽 방에 하나님의 방(지성소)이 있습니다. 이 방에는 하나님의 자리, 하나님의 보좌, 즉 시은좌가 있습니다. 그런데 이 시은좌에 좌정해 계신 하나님께로 나가려니까 문제가 있습니다. 인간은 하나님 앞에 설 수 없습니다. 하나님 앞에 가면 알레르기가 생깁니다. 그래서 죽을 수도 있습니다. 왜 그렇습니까? 죄 때문입니다.

죄인은 하나님께 나올 수 없습니다. 하나님의 불이 그를 삼킬 겁니다. 그래서 하나님께 나오는 사람은 자기 죄를 해결하고, 불태우고 나오라고 명하셨습니다. 그래서 성막 입구에 번제단이 있습니다. 그 번제단 앞에서 인간의 생명을 대신할 짐승을 잡습니다. 이렇게 잡은 짐승의 피는 단 아래에 쏟아 붓습니다. 그 전에 제사장이 그 피를 번제단의 뿔에 바릅니다. 그리고 그 짐승의 일부 혹은 전부를 그 번제단 위에 올려놓고 불태웁니다. 짐승이 인간의 죄를 대신 뒤집어쓰고 죽는 겁니다.

다시 정리해 봅시다. 성전에 들어갑니다. 성막에 들어섭니다. 하나님의 집에 들어가니까 정밀 임숙하고 경건한 마음으로 들어섭니다. 옷깃을 여미고 잡념을 떨치고 하나님을 뵈옵는다는 숭고한 마음으로 한 발 들여 놓습니다.

절에 들어가면 절간 대문에 뭐가 있습니까? 무기를 들고서 무서운 인상을 하고 있는 상(像)들이 서 있는 경우가 많습니다. 금강역사를 세워놓은 절이 있는가 하면 사대천왕이 세워진 절도 있습니다. 금강역사이던, 사대천왕이던 이런 것으로 사람에게 공포심을 주어서 엄숙하고 진지해지게 하려는 의도인 듯합니다. 그런데 성전은 어떻습니까? 성막의 커튼을 젖히고 들어서는데, 짐승 잡는 소리가 들립니다. 죽어가는 짐승들의 비명이 들립니다. 제사장들 옷에는 피가 튑니다. 손에 피 담은 그릇을 들고 와서 피를 단 뿔에 바릅니다. 그 단 아래에 나머지 피를 다 쏟아 붓습니다. 짐승을 태웁니다. 짐승을 잡으면 속에 있는 것들 다 꺼내야 할 것 아닙니까? 이 똥 냄새, 짐승들의 비명 소리, 피비린내, 고기 태우는 연기….

아이고! 이게 무슨 성전입니까? 엄숙하고 낭랑하게 성경 읽는 소리가 들리고 우아한 찬송소리가 들릴 것 같은 성전이 비명, 피 냄새, 연기…. 대체 이게 무슨 천당 입구입니까? 지옥 입구로 밖에 더 보입니까? 아니, 성전이면 천당의 모습이 보여야 하는데, 들머리가 아주 지옥 입구의 모습입니다. 아수라장입니다. 왜 이래야 합니까? 하나님께서 뭘 잘못 만드신 거 아닐까요?

생각해봅시다. 하나님께서 직접 설계해주셨으니까 뭔가 의미가 있겠지요. 그 의미를 지금 새겨 보기로 합시다.

우리가 구상해서 성막을 만든다고 생각해봅시다. 여러분이라면 이런 번제단을, 꼭 이런 식으로 제사를 지내야 한다면, 이 번제단을 굳이 성전 입구에 세워두고 이 난리 법석을 피우게 했을까요? 성전 뒤편에다가, 뒷마당에다가 세우지 않았을까요? 절간으로 말하자면, 대웅전 뒤편 산을 좀 오른 산 중턱에나, 구석에 있는 화장실 곁 어딘가에 세우고 싶지 않습니까? 이 번제단, 사실 화장실하고 꽤 어울려 보이지 않습니까?

하나님은 왜 성막 입구에 이 번제단을 세웠을까요? 왜 성막에 들어서자마자 번제단이 보이게 하셨을까요? 왜 여기를 거쳐 가게 하셨을까요? 그건 바로 하나님께로 나가려는 사람은 누구나 죄를 해결하고, 죄를 용서받고 가야함을 보여주시기 위해서였습니다. 성막 문을, 커튼을 젖히고 성막 안으로 들어서면 거기는 이미 하나님의 집입니다. 마당 안쪽에는 성막 본채가 있습니다. 그 안쪽 방은 하나님의 방입니다. 하나님의 보좌가 있습니다. 하나님께서 그곳에 좌정해 계십니다. 그러니 이 성막은 하나님의 집입니다. 하나님의 집으로 들어왔고, 하나님 앞에 서 있고자 하면 죄를 사함 받아야 합니다. 그래서 번제단이 성막 입구에 있습니다. 하나님의 집에 들어오려면 죄를 청산해야 합니다. 죄는 하나님을 만날 수 없게 하는 장애물이기 때문입니다. 그러니 짐승을 대신 죽여 제사를 드림으로써 죄 사함을 청합니다.

이 짐승들이 사람을 대신해서 죽는다는 사실은 안수 행위에서 분명하게 드러납니다. 레위기 1:4을 봅시다.

그가 번제물의 머리에 안수할찌니 그리하면 열납되어 그를 위하여 속죄가 될 것이라.

이 안수는 바로 "너는 나를 대신한다, 너는 우리를 대신한다."는 의미입니다. 한 마리의 양에게 이스라엘 백성 전체 혹은 한 가정의 죄를 뒤집어 씌웁니다. 그리고는 이 짐승이 그들을 대신해서 피를 흘리고 죽습니다. 그 피 때문에 사람의 죄가 사해지는 것은 아니라 하더라도 짐승이 자신의 죄를 대신해서 피 흘리고 죽어 불타는 것을 보면서 이스라엘은 자신의 죄를 고백합니다. '이 짐승처럼 제가 죽어 마땅합니다.' 이런 고백으로 제사에 임합니다.

그러니 이 성막에 들어가서 하나님 앞으로 나아가려면, 번제단 옆에서, 아래에서, 위에서 이뤄지는 제사를 드려야 합니다. 짐승을 번제단 곁에서 잡고 피를 그 단 아래에 붓고, 짐승은 단 위에서 불태웁니다. 죄의 값은 사망이기에 우리의 사망을 대신해서 짐승이 죽습니다. 짐승이 피를 대신 흘립니다. '피 흘림이 없은즉 사함이 없느니라(히 9:22).' "피 흘림의 제사를 하나님의 집 입구에서 드리고 나서야 하나님 앞에 나아갈 수 있다." 성전 입구의 번제단은 이 사실을 웅변해 주고 있습니다.

5. 예수님의 보혈

당연히 이 번제단은 예수님을 보여줍니다. 예수님의 보혈이 없이는 그 누구도 하나님의 품으로 나아갈 수가 없습니다. 하나님의 얼굴을 뵈올 수 없습니다. 죄사함 받고 하나님의 자녀가 되는 길은 이 피의 제단을 통과하는 길 뿐입니다. 십자가 제단에서 피를 쏟으시고 온 몸을 다 바치신 그리스도의 속죄의 제사만이 우리를 하나님 보좌 앞으로 아무 탈 없이 나아가게 합니다.

　　이 사실을 가장 잘 표현한 찬송이 바로『보혈을 지나 하나님 품으로』인 것 같습니다.

　　　보혈을 지나 하나님 품으로
　　　보혈을 지나 아버지 품으로
　　　보혈을 지나 하나님 품으로
　　　한 걸음씩 나아가네
　　　존귀한 주 보혈이
　　　내 영을 새롭게 하시네
　　　존귀한 주 보혈이
　　　내 영을 새롭게 하네

결론/적용

　　인간이 하나님과 함께 있을 수 없는 존재로 변해 버렸지만, 하나님은 그래도 인간을 만나고 싶어 하십니다. 함께 계시고 싶어 하십니다. 그래서 성막을 만드셨습니다. 그리고 거기 와 계십니다. 그런데 죄인인 인간은 하나님 앞에 그냥 나아갈 수가 없습니다. 그래서 하나님께서 준비하신 방편이 바로 성막 입구에 있는 번제단입니다.

　　지금은 이 번제단도 성막도 필요 없습니다. 참 성전이 되시고 참 번제단이 되시고, 그 번제단 아래에서 피 흘린 양이신 예수님이 계시기 때문입니다. 그 분 덕분에 하나님 아버지 보좌 앞으로 나아갈 수 있습니다. 그래서 우리는 예수님의 이름으로 기도합니다. 그 분

'빽'으로 아버지 하나님 앞에 가서 기도드릴 수가 있게 되었습니다.

그렇다면 이 예수님께 어떤 감사를 드려 마땅할까요? 주님의 피로 씻어 우리를 하나님 아버지의 품으로 나아갈 수 있게 하신 주께 어떤 감사를 표해야 할까요? 우리 그 분께 찬미의 제사를 드립시다(히 13:15).

하나님께 감사드립시다. 번제단을 준비하시면서 당신의 백성을 만나고 싶어하셨던 하나님. 우리가 하나님께 갈 수 있는 더 확실한 길이신 예수님을 예비해 주신 하나님. 말하자면, 우리를 만나주시기 위해 다가오시고 팔을 벌려 우리를 부르시는 하나님 우리 아버지. 그 아버님의 품으로 달려가 안깁시다.

1　사람은 하나님의 형상으로 창조되었기에 하나님과 사랑의 교제가 가능했습니다. 그런 인간이 이제 더 이상 하나님과 함께 있을 수 없게 된 이유는 무엇입니까? 이 사야 59:2을 참고해서 생각해 봅시다.

2　성막의 근본 목적은 무엇입니까? 하나님은 왜 성막을 만드셨습니까?

3　성막 본채 안쪽 방은 하나님의 방입니다. _____ 라고 부릅니다. 거기에는 무엇이 있습니까?

4　시은좌의 좌대는 언약궤입니다. 이 언약궤에는 무엇이 들어있습니까? (출 25:16)

　"하나님의 왕좌의 기초가 언약궤이다." 이 사실에서 하나님의 통치의 특징, 혹은 기초를 알 수 있을까요? 그 특징과 기초가 무엇입니까?

5　성막 문을 열고 들어가면 제일 먼저 눈에 들어오는 것은 무엇입니까? 왜 입구에 그것이 배치되어 있었을까요? 우리에게 무엇을 가르쳐 주시기 위함일까요?

6 신약시대에는 더 이상 성전이 없습니다. 그러므로 성전 뜰에 있던 번제단
   도 없습니다. 그러면 지금 우리에게는 어떤 번제단이 있습니까? 여러분은
   그 번제단을 거쳐 하나님의 시은좌로 나아가십니까?

7 여러분은 기도나 찬송을 시작할 때마다 예수님의 보혈이 없이는 감히 하나
   님 앞에 입을 열어 기도하고 찬송을 시작할 수도 없다는 사실을 늘 의식합
   니까? '예수님 이름으로'라는 구호는 그냥 이제 기도를 마치겠다는 신호로
   만 여기지는 않습니까?

8 히브리서 9:22을 읽어봅시다.
   죄 사함을 말할 때 우리가 너무 성급히 죄가 없어져서 깨끗하게 된 상태로
   넘어가려는 경향이 있습니다.
   "피 흘림이 없은즉 사함이 없느니라."
   성전 입구에 있는 번제단 주변 풍경을 상상해 보셨습니까? 그 끔찍한 '피 흘
   림'이 우리의 죄의 심각함을 말해주고 있습니다. 죄와 피를 너무 가볍게 다
   루는 경향에 대해서 말해봅시다.

자기 백성들 가운데
좌정(坐定)하신 하나님

출애굽기 25:10~22, 37:1~9

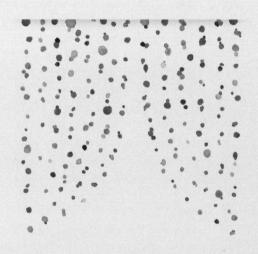

¹⁰그들은 조각목으로 궤를 짜되 길이는 두 규빗 반, 너비는 한 규빗 반, 높이는 한 규빗 반이 되게 하고 ¹¹너는 순금으로 그것을 싸되 그 안팎을 싸고 위쪽 가장자리로 돌아가며 금 테를 두르고 ¹²금 고리 넷을 부어 만들어 그 네 발에 달되 이쪽에 두 고리 저쪽에 두 고리를 달며 ¹³조각목으로 채를 만들어 금으로 싸고 ¹⁴그 채를 궤 양쪽 고리에 꿰어서 궤를 메게 하며 ¹⁵채를 궤의 고리에 꿴 대로 두고 빼내지 말지며 ¹⁶내가 네게 줄 증거판을 궤 속에 둘지며 ¹⁷순금으로 속죄소를 만들되 길이는 두 규빗 반, 너비는 한 규빗 반이 되게 하고 ¹⁸금으로 그룹 둘을 속죄소 두 끝에 쳐서 만들되 ¹⁹한 그룹은 이 끝에, 또 한 그룹은 저 끝에 곧 속죄소 두 끝에 속죄소와 한 덩이로 연결할지며 ²⁰그룹들은 그 날개를 높이 펴서 그 날개로 속죄소를 덮으며 그 얼굴을 서로 대하여 속죄소를 향하게 하고 ²¹속죄소를 궤 위에 얹고 내가 네게 줄 증거판을 궤 속에 넣으라 ²²거기서 내가 너와 만나고 속죄소 위 곧 증거궤 위에 있는 두 그룹 사이에서 내가 이스라엘 자손을 위하여 네게 명령할 모든 일을 네게 이르리라

¹브살렐이 조각목으로 궤를 만들었으니 길이가 두 규빗 반, 너비가 한 규빗 반, 높이가 한 규빗 반이며 ²순금으로 안팎을 싸고 위쪽 가장자리로 돌아가며 금 테를 만들었으며 ³금 고리 넷을 부어 만들어 네 발에 달았으니 곧 이쪽에 두 고리요 저쪽에 두 고리이며 ⁴조각목으로 채를 만들어 금으로 싸고 ⁵그 채를 궤 양쪽 고리에 꿰어 궤를 메게 하였으며 ⁶순금으로 속죄소를 만들었으니 길이가 두 규빗 반, 너비가 한 규빗 반이며 ⁷금으로 그룹 둘을 속죄소 양쪽에 쳐서 만들었으되 ⁸한 그룹은 이쪽 끝에, 한 그룹은 저쪽 끝에 곧 속죄소와 한 덩이로 그 양쪽에 만들었으니 ⁹그룹들이 그 날개를 높이 펴서 그 날개로 속죄소를 덮었으며 그 얼굴은 서로 대하여 속죄소를 향하였더라

자기 백성들 가운데
좌정(坐定)하신 하나님

출애굽기 25:10~22, 37:1~9

누구나 새해가 되면 '올해는 이건 꼭 해내야지' 하는 결심을 하곤 합니다. 책을 많이 읽겠다고 다짐을 하기도 하고, 운동을 하겠다고 마음을 먹어도 봅니다. 절주(節酒)나 절연(節煙)을 계획하기도 합니다. 학생들은 공부에 대한 야심을 품고 시작을 해봅니다. 그리스도인들이면 새해엔 꼭 성경을 한 번 읽어 내리라 하나님께 약속을 하기도 합니다. 창세기 5장의 지루한 족보도 잘 견디고 읽어 나갑니다. 출애굽기에 접어들면 박진감 있게 전개되는 스토리에 감동을 받으며 빨려 듭니다. 20장에서 십계명을 만나면 잘 아는 내용이라 술술, 때론 소리 내서 신나게 읽어 나갑니다. 그러나 21장부터 나오는 복잡한 율법들을 읽노라면, "이게 대체 내게 무슨 의미가 있는가?" 의구심이 들기 시작합니다. 꿀보다 더 달다는 하나님의 율법(시 19:10)은 효과 좋은 수면제로 전락하고 맙니다.

그러다가 오늘 본문 근처에 이르면 본격적으로 답답합니다. 정말 은혜롭기는 고사하고 막막하고 캄캄하기까지 합니다. 장(長)은 몇 규빗, 광(廣)은 몇 규빗, 고(高)는 몇 규빗…. 규빗이라는 단위가 익숙지 않은 건 고사하고라도 광(廣)이니 고(高)니 하는 말도 왜 이렇게 어렵게 번역해 놓았는지 모르겠습니다. 그러잖아도 이해 안되고 재미없어지기 쉬운 대목에서 어려운 번역 문체도 우리의 발목을 잡습니다. (그나마 개정판은 길이, 높이로 바꿔 번역해서 좀 낫기는 합니다.)

과연 이 부분이 그렇게 재미없고 갑갑하고, 그래서 별 의미도 없고 중요하지도 않을까요? 누구나 지루해지기 쉬운 대목이니까 대충 넘어가도 되겠지. 이런 생각이 온당할 까요?

아닙니다. 조금만 더 깊이, 자세히 살펴보면 그런 생각들이 엄청난 착각임을 알게 됩니다. 이 성막 가장 깊은 곳에 있는 언약궤와 그 위에 있는 속죄소/시은좌가 우리에게 주는 감동은 어마어마합니다. 그 감동을 즐겨 봅시다.

이 속죄소/시은좌를 소재로 한 찬송이 있다는 사실 혹 알고 계시는지요? 찬송가 209장입니다.

> 이 세상 풍파 심하고   또 환난 질고 많으나
> 나 편히 쉬게 될 곳은   주 예비하신 주의 전

4절에는 그 간절함이 더 잘 나타납니다.

> 내 손과 혀가 굳어도   내 몸의 피가 식어도
> 나 영영 잊지 못할 곳   은혜의 보좌 주의 전

80년대에 나온 통일 찬송가에는 '주의 전'이 '시은소'로 되어 있었는데 왜 '주의 전'으로 바꿔놓았는지 이해하기가 어렵습니다. 원작에는 'the mercy seat'으로 되어 있습니다. 본문이 말하는 속죄소/시은좌가 분명합니다. 통일찬송가도 아리송합니다. 성경에는 '속죄소'로 되어 있고 난외주에 '시은좌'로 번역할 수도 있다고 되어 있는데 왜 이 둘을 어중간하게 섞어 '시은소'로 만들어 놓았는지 모르겠습니다. 하지만 새 찬송가에서 '주의 전'으로 번역한 의도는 더더욱 알 수 없습니다.

아무튼 우리가 기억해야 할 점은 이 복잡한 성전을 두고 이 찬송가 가사를 쓰신 분은 이토록 간절하게 사모하는 마음을 가졌다는 사실입니다. 우리는 어렵고 답답하게만 느끼는 이 성전이 그 분에게는 어떻게 이토록 '은혜스러울' 수가 있었을까요?

"내 손과 혀가 굳고 피가 식어도 영원히 잊을 수 없는 곳, 시은좌!"

우리 함께 이 찬송 작사자가 받은 은혜를 함께 누리도록 시은좌를 잘 살펴봅시다.

복습

아담은 하나님과 손잡고 아름다운 에덴동산을 거닐 수 있는 사이였습니다. 하지만 아담이 하나님을 배신하고 범죄한 이후로는 하나님과 함께 있을 수 없는 사이가 되고 말았습니다. 전에는 하나님께서 가까이 오시면 설레어서 가슴이 두근거렸는데, 이제는 하나님께서 다가오시면 두려워서 가슴이 쿵쿵댑니다. 알레르기 체질로 바뀌었습니다. 출애굽기에서 이스라엘 백성은 여러 차례 하나님과 함께 할 수 없는 인간의 모습을 보여주고 말았습니다.

하지만 희망이 있습니다. 인간은 체질이 변해서 하나님과 함께 할 수 없게 되었지만, 변함없으신 하나님, 신실하신 하나님은 여전히 당신의 백성과 함께 하고 싶어 하십니다. 당신의 백성과 함께 계시지 않으면 몸살을 하시는 하나님이십니다. 이런 하나님의 별명, 별칭이 바로 임마누엘입니다. '우리와 함께 하시는 하나님'이란 뜻이지요.

죄를 범한 이스라엘 백성 가운데 함께 계실 수 없는 하나님을 만나기 위해서 모세는 텐트를 이스라엘 진(陣) 밖에 쳤습니다. 하나님을 만날 텐트를 이스라엘 '가운데'가 아닌 '바깥'에 쳤다는 사실은 하나님께서 이스라엘을 떠나실 수도 있다는 경고였으며, 그 자체가 벌(罰)이었습니다. 이 텐트를 회막(會幕)이라고 불렀습니다. 하나님을 만나는 텐트라는 말입니다.

그 후에 하나님께서 노여움을 푸시고는 이스라엘 백성들 한 가운데에 하나님을 위한 텐트를 세우라고 명하십니다. 하나님의 텐트, 곧 거룩한 텐트, 성막(聖幕)입니다. 이 성막은 하나님의 집입니다. 성막 본채는 두 개의 방으로 되어 있고 안쪽 방이 하나님의 방입니다. 지성소라고 부릅니다.

이 하나님의 방으로 가기 위해서 하나님의 집, 성막에 들어서면 마당에, 정문 앞에 번제단이 있습니다. 이 번제단에서 짐승을 잡아 피를 흘리고 몸을 제단에서 불태워서 하나님께 제사를 드렸습니다. 번제단에서 자신들의 죄를 대신한 속죄의 제사를 드리고 나서야 하나님의 방, 하나님의 보좌 앞으로 나아갈 수가 있었습니다. 이 번제단은 그리스도를 싱징하는 장치입니다.

그러므로 우리는 '보혈을 지나 하나님 품으로' 나아갈 수 있습니다.

강해

이제 오늘은 시은좌에 대해서 살펴보고자 합니다. 다음 세 가지로 나눠서 생각해 보겠습니다.

> 1. 하나님의 방, 그리고 시은좌
> 2. 이스라엘을 인도하시는 하나님
> 3. 시은좌의 받침 – 언약

1. 하나님의 방, 그리고 시은좌

하나님의 방 지성소에는 하나님께서 앉으시는 자리, 왕이신 하나님의 보좌, 옥좌(玉座)가 있습니다. 이 옥좌가 바로 시은좌입니다.

이 시은좌 아래는 상자가 있습니다. 조각목, 즉 아카시아 나무로 된 2.5규빗×1.5규빗×1.5규빗의 상자입니다. 규빗은 약 45cm입니다. 그러니 이 상자는 대충 113×68×68cm 정도입니다. 이 상자를 정금, 순금으로 입혔습니다. 성전에 있는 기구들 중 마당에 있는 기구들은 놋으로 입힌 반면 성전 안으로 들어올수록 금을 입히거나 금으로 만듭니다. 하나님의 보좌 가까이 올수록 금을 사용함으로써 하나님의 존귀하심을 나타내려 했습니다.

시은좌의 좌대인 이 상자가 바로 '언약궤'(법궤)입니다. 이 궤 안에는 십계명 돌판이 들어있습니다. 그리고 이 언약궤의 덮개는 금으로 만들었습니다. 그리고 그 덮개에 연결해서 좌우에 날개 편 두 천사*를 만들어 덮개 가운데를 가리게 했습니다. 금으로 된 두 천사가 날개로 가리고 있는 이 언약궤의 덮개가 바로 시은좌입니다 (출25:17). 하나님의 보좌입니다. 물론 그렇다고 해서 이 시은좌에 앉아 계실 법한 하나님의 상(像)을 만들지는 않습니다.

시은좌는 '은혜를 베푸시는 자리'란 뜻입니다. 하나님께서 왕으로서 이스라엘 가운데 좌정하신 이유는 은혜를 베푸시기 위해서임을 보여주는 말입니다.

이 시은좌를 천사가 날개를 펴서 호위하고 있습니다. 거기에 하나님께서 자리하고 앉으신다는 것을 상징적으로 보여주는 그런 그림입니다. 앞서 말씀 드린 성막 본채는 하나뿐입니다. 그리고 삼분의 일을 나눈 안쪽 방은 정방형으로 '지성소', 즉 지극히 거룩한 방인데, 여기에 언약궤/증거궤가 놓여 있고 그 위에 시은좌가 놓여있습니다. 그런데 지성소와 나머지 방인 성소를 나누는 천(휘장이라고 부릅니다)에 또 천사가 수 놓여 있습니다. 머릿속으로 그림을 그려 봅시다. 하나님이 이 시은좌에 앉아 계십니다. 시은좌 좌우에 금으로 된 천사들이 날개를 펴서 하나님의 영광을 함부로 들여다보지 못하게 가리고 있습니다. 시은좌 앞에 있는 휘장에 천사들이 또 지키고 있습니다. 그러니, "천사들의 호위를 받으시면서 하나님께서 이스라엘백성들 가운데 와서 앉으신다." 이런 뜻입니다.

그런데 이 자리, 보좌를 다시 한 번 생각합시다. 이 자리는 올

---

* '그룹'은 결국 천사들을 의미합니다. 이사야 6장의 '스랍'들도 그렇게 이해하면 무리가 없을 것으로 보입니다.

라앉아서 권력을 휘두르고 힘을 자랑하는 자리가 아니라 은혜를 베푸시는 자리입니다. 하나님이 이스라엘 백성 가운데 오셔서 은혜를 베푸시는 곳입니다.

아무튼 이 시은좌는 왕이신 하나님의 보좌임을 표현하기 위해서 금으로 만들었습니다. 그런데 그곳에서 백성들을 두렵게 하는 권력이 나오는 게 아니라 하나님의 영광이 나타나고 은혜가 쏟아져 나오는 자리입니다. 이 성막이 완성되고 나니까 하나님의 구름이 항상 드리워져 있었습니다. 하나님께서 여기에 와 계심을 보여주는 구름입니다.

출애굽기 32장에서 이스라엘이 금송아지를 만들어 숭배하는 죄를 범하고 난 후에 모세가 이스라엘 진 바깥쪽에 텐트를 하나 쳤습니다. 회막입니다. 하나님께서 이스라엘 '가운데' 계실 수 없음을 보여주신 벌이었습니다. 죄를 지은 이스라엘과 함께 하지 않으시겠다는 선언입니다. 그러나 이제는 하나님께서 이스라엘 한복판에다가 텐트(성막)를 치게 하시고 거기에 하나님의 영광의 구름을 드리워 놓으셨습니다. 그리고 이 이스라엘백성들이 성막을 중심으로 텐트를 쳤습니다. 이제 하나님께서 다시 당신이 거하실 처소를 새롭게 만드시고 이스라엘 백성 한 가운데로 오셨습니다. 자리를 정하고 좌정하셨습니다. "여기에서 은혜를 베풀겠다."라고 말씀하십니다. 그래서 그 이름이 은혜의 보좌, 시은좌입니다. 그 후 이스라엘은 이 언약궤나 시은좌를 바로 하나님으로 여기게 됩니다.

2. 이스라엘을 인도하시는 하나님

언약궤에 대한 설명을 보면 재미있는 사실이 한 가지 있습니다. 언약궤 아래쪽에 금고리가 두개씩 달려있습니다. 그리고 그 고리에 금을 입힌 나무 막대기가 양쪽에 끼워져 있습니다. 늘 그 막대기가 끼워져 있습니다(출 25:12-15). 언제라도 들고 갈 수 있게 만들어 놓은 겁니다. 이스라엘 백성들이 가나안 땅을 향해서 행군을 시작하면 하나님께서 정하신 방식대로 레위의 후손들이 성막을 정리해서 메고 갑니다. 행군을 할 때는 언제나 이 언약궤가 앞장서서 갑니다. 제사장들이 메고 이스라엘 백성들 앞에 나갑니다.

1) 민수기 10:33-36

우리 이 언약궤를 앞세우고 이스라엘 백성들이 행군하는 첫 장면을 민수기10:33-36에서 한번 봅시다.

> 그들이 여호와 산 에서 떠나 삼 일 길을 행할 때에 여호와의 언약궤가 그 삼 일 길에 앞서 행하며 그들의 쉴 곳을 찾았고 그들이 행진할 때에 낮에는 여호와의 구름이 그 위에 덮였었더라. 궤가 떠날 때에는 모세가 가로되 여호와여 일어나사 주의 대적들을 흩으시고 주를 미워하는 자로 주의 앞에서 도망하게 하소서 하였고 궤가 쉴 때에는 가로되 여호와여 이스라엘 천만인에게로 돌아오소서 하였더라.

이 본문에서 아주 놀라운 내용 두 가지를 볼 수 있습니다.

먼저, 이 언약궤가 이스라엘이 진을 치고 지낼 곳을 찾았다고 합니다. 제사장들이 언약궤를 메고 출발하면 '여호와의 구름'이 그 위에 덮였고, 구름이 머물면 언약궤는 멈춥니다. 그곳이 바로 이스라엘이 쉴 곳이 됩니다. 시편 23편의 양떼를 푸른 초장으로, 물가로 인도하는 목자의 모습이 바로 연상됩니다. 이러니 이 언약궤는 하나님이 이스라엘 가운데 계심을 보여주기에 충분했습니다. 언약궤가 곧 하나님으로 인식되게 됩니다.

두 번째로 재밌는 대목은 언약궤가 출발하고 멈출 때의 모세의 외침입니다. 언약궤가 출발하면 이스라엘이 짐을 쌉니다. 텐트를 걷고 짐을 정리해서 출발합니다. 그런데 이스라엘의 형편이 어떠합니까? 이들은 가나안을 향해 행군하고 있는 '군대'가 아닙니다. 유랑민이요 난민입니다. 여자는 말할 것도 없고 젖먹이 어린 아이까지 있습니다. 데리고 온 짐승들도 엄청나게 많습니다. 이런 백성들이 짐을 싸고 길을 나섭니다. 행군 속도가 제대로 날 리가 없습니다. 만약 다른 민족들이 이 백성들을 약탈하려고 덤벼들면 꼼짝없이 당할 수밖에 없을 겁니다. 그나마 광야에서 진을 치고 보초라도 세워 놓고 있을 때라면 나을지 모르겠습니다만, 길을 나서면 이들의 안전은 보장하기가 힘이 들었을 겁니다. 사실 이스라엘이 행군을 하면서 살아남는다는 자체가 이미 기적이었습니다.

이 점을 염두에 두고 모세의 외침을 다시 들어 봅시다. 짐작컨대 모세는 늘 들고 있었던 그 '하나님의 지팡이'(출 4:20)를 들고 외치지 않았을까 싶습니다.

> 여호와여, 당신의 원수들을 흩으소서.
> 당신의 적들이 당신 앞에서 떨면서 도망치게 하소서.

큰 소리로 외치지 않으면 하나님께서 못 들으실까요? 그럴 리야 있겠습니까. 다만 온 이스라엘이 이 기도를 듣고 함께 '아멘'하게 하시기 위함이 아니었을까요? 이제 행군이 시작되니 불안할 수도 있는 이스라엘이 모세와 함께 이 기도를 드리면서 안돈했을 겁니다.

언약궤가 먼저 출발하면 이스라엘은 사흘 길을 떨어져서 따라갑니다. 말하자면 하나님께서 홀로 앞장서 가시면서 이스라엘을 인도하십니다. 이스라엘을 쉴만한 물가로 인도하십니다. 뿐만 아니라 혹 앞에 있을지 모를 적들을 물리치시면서 나아가십니다. 군사를 먼저 보내고 뒤에 있는 장군이 아니라 앞에 서서 적군을 헤치고 나가면서 '나를 따르라'고 외치는 믿음직한 장군의 모습이기도 합니다.

2) 요단강 도하(渡河)/여호수아 3장

이런 모습은 여호수아서에 가면 구체적으로 두 번 더 나타납니다.

첫째는 요단강을 건너는 일입니다. 이스라엘 백성들이 요단강변에 섰습니다. 이 강을 건너야 하는데 강물이 만만치 않았습니다. 이 때 강물이 어느 정도였는지 여호수아 3:15을 살펴봅시다.

> "요단이 곡식 거두는 시기에는 항상 언덕에 넘치더라."

강물이 강둑까지 넘실대고 있었습니다. 하지만 그 강물도 이스라엘을 막을 수 없었습니다. 하나님이 계시기 때문입니다. 이때 하나님의 지시를 따라 제사장들이 언약궤를 메고 강물에 들어섰습니다. 그러자 강물은 한 곳에 쌓였고 물길은 끊겼습니다. 참 신기하지 않습니까? 물이 쌓였답니다.

하나님께서 당신의 백성들을 데리고 가시는 길에 '자연'이 장벽이 될 수는 없었습니다.

3) 여리고성 함락/ 여호수아 6장

두 번째 사건은 바로 여리고성의 함락입니다(여호수아 6장). 이 여리고성은 성벽이 이중으로 되어 있는 아주 견고한 성이었습니다. 하나님께서 광야에서 이스라엘을 어떻게 지키시고 대적하는 원수들을 물리치셨는지를 여리고 성 사람들은 이미 알았습니다. 요단강을 건넌 일도 어쩌면 들었을 겁니다. 그래서 이들은 성문을 굳게 닫고 아무도 출입하지 않았습니다. 그러나 이런, 사람이 만든 성벽도 하나님께는 장벽이 되지 못했습니다.

이번에도 언약궤가 선두에 섰습니다. 다시 말하면 하나님께서 친히 선봉을 맡으셨습니다. 언약궤의 뒤를 따라 이스라엘 백성들이 성벽을 돕니다. 하루 한 바퀴씩만 돌았습니다. 그러다가 일곱째 날에는 무려 일곱 바퀴를 돌았습니다. 일곱 바퀴째 돌 때 제사장들이 나팔을 불었습니다. 그러자 그 견고한 성이 무너져 내렸습니다.

생각해봅시다. 말이 됩니까? 성을 일곱 바퀴 돌고 나팔 불었다고 무너질까요? 그런데 무너졌습니다. 하나님께서 앞서 가시니까 아무 것도 막을 수 없었습니다. 넘치는 강물도, 사람이 만든 견고한 성벽도 하나님을 막을 수는 없었습니다. 하나님께서는 이를 언약궤가 앞서 가는 것을 통해서 보여주셨습니다. 언약궤, 그 위에 놓인 시은좌. 이는 하나님의 보좌입니다. 그러니 이스라엘 백성 앞에 가는 언약궤는 곧 이스라엘의 목자이시며 장군이신 하나님을 보여줍니다.

3. 시은좌의 받침 – 언약

이 시은좌의 좌대(座臺)는 언약궤(증거궤)라고 말씀드렸습니다. 이 사실이 우리에게 시사하는 바는 뭘까요? 그 이름이 언약궤인 이유는 무엇일까요? 언약궤는 잘 아는 대로 십계명 돌판이 들어 있습니다. 그런데 왜 계명, 곧 율법이 들어 있는 상자를 언약의 상자라고 불렀을까요?

언약이란 '나는 네 하나님이 되고, 너는 내 백성이 된다'는 하나님의 약속입니다. 이는 이스라엘을 애굽의 종살이에서 건져내셨으므로 이스라엘의 하나님이심을 선포하는 십계명 서문에 잘 나타나 있습니다(출 20:2).

우리가 십계명을 살필 때, 이 서문을 잘 살펴야 합니다. 십계명의 근본 정신이 여기에 담겨 있습니다. 이 십계명을 누가 받았습니까? 하나님께서 누구에게 주셨습니까? 애굽에서부터 구원을 받은 이스라엘에게 주셨습니다.

> "나는 너를 애굽 땅, 종 되었던 집에서 인도하여 낸 너의 하나님 여호와로라."

그러니 언약 문구의 뒷부분, '너는 내 백성이 된다'는 구절은 이제 이스라엘의 몫입니다. 하나님의 계명을 지키는 것은 하나님의 백성으로서 살아남는 길입니다. 하나님의 계명을 지키지 않는다면 하나님을 자신들의 하나님으로 인정하기를 거부하는 셈입니다. '나는 너의 하나님이 되겠다'는 하나님의 언약을 거부한 것입니다. 그러므로 이스라엘이 그 계명을 지킴으로써 언약은 완성이 됩니다. 그래서 십계명은 곧 언약입니다. 언약의 계명입니다.

하나님의 보좌, 시은좌의 기초는 언약궤입니다. 다시 말하면 하나님의 통치의 기초, 하나님의 왕국의 기본은 바로 이 계명입니다. 하나님의 통치의 원리를 보여주고 이스라엘이 하나님의 백성답게 사는 길을 보여주는 것이 이 십계명입니다. 율법이 곧 하나님의 언약이며, 은혜입니다. 다시 말하면 하나님을 우리 하나님, 내 하나님이라고 부를 수 있으려면 이 계명을 지켜야 한다는 사실을 그림으로 보여주는 것이 바로 '언약궤 위에 있는 시은좌'입니다.

당신의 백성과 함께 하시고 싶어 하시는 하나님.

"나는 네 하나님이다." 그런데 우리가 그 하나님을 우리의 하나님으로 붙잡아두는 길이 바로 언약의 계명을 지키는 길입니다. 이 원리는 구약시대와 지금이 다르지 않습니다.

결론/적용

하나님은 당신의 백성과 함께 하시고 싶어 하십니다. 그래서 성막을 만들게 하시고 하나님의 방, 지성소를 짓게 하셨습니다. 거기에 하나님께서 앉아서 이스라엘을 다스리는 자리를 두셨습니다. 바로 시은좌였습니다. 그러니 성막이나 성전은 하나님께서 이스라엘과 함께 하심을 보여주는 상징물입니다. '임마누엘'의 은혜를 보여줍니다. 더 나아가 시은좌가 그 안에 있다는 사실은 하나님께서 이스라엘과 함께 하시고 그들을 다스리시는 왕으로 와 계심을 보여줍니다.

하나님은 당신의 백성들 틈에 와 계시고 싶어 하십니다. 다른 곳은 불편해 하십니다. 다른 곳에 계시면 알레르기가 생깁니다. 역사가 한참 흐른 후에 하나님의 언약궤가 이방인의 수중에 떨어지는 수모를 겪습니다(사무엘상 5-6장). 이 언약궤가 블레셋에 머무는 동안 블레셋의 주요 성들이 초토화됩니다. 많은 사람들이 죽어 나갔습니다. 하나님께서 당신의 백성들 틈이 아닌 다른 곳에 계시면 얼마나 극심한 알레르기가 오는지 단적으로 보여주는 사건입니다. 하나님이 계실 자리는 당신의 백성들 가운데입니다. 당신의 백성과 함께 하셔야 하는 하나님. 우리와 함께 계셔야 하는 하나님. 바로 임마누엘입니다.

그 하나님은 당신의 백성들 중에 거하시면서 친히 그들을 인도하십니다. 앞장서서 원수를 물리치시면서 그 백성들을 위해 친히 싸우시는 위대한 용사, 위대한 왕이십니다.

그러므로 오늘 설교의 결론, 이 시은좌에서 배워야 할 교훈은 이렇습니다. "하나님께서는 당신의 백성들과 함께 하시고 싶어 하십니다. 함께 하시면서 보호하시고 인도하십니다."

그리고 그 분의 사랑을 지속적으로 누리려면 그 분의 계명을 지켜야 합니다. 이것이 시은좌의 좌대가 언약궤인 이유입니다. 임마누엘 하나님을 찬양합시다.

1 율법이 꿀보다 달다는 말씀에 동의할 수 있습니까? 정말 그런 경험을 합니까? 그렇지 못하다면 이유가 뭐라고 생각하십니까?

2 성전의 기구들이 마당에 있는 것은 놋으로, 성전 내부에 있는 것은 금으로 만들었거나 나무를 금으로 싸서 만들었습니다. 무엇을 보여주시기 위해서 그렇게 만들게 하셨습니까?

3 성전 본채의 안쪽 방을 _____ 라 부릅니다. 하나님의 방입니다. 그 하나님의 방에는 하나님의 자리(보좌)가 있습니다. 이 자리를 뭐라고 부릅니까? _____ 그 뜻이 무엇입니까?

4 시은좌의 좌대는 무엇입니까? _____ 그 안에는 무엇이 들어 있습니까? _____ 이것을 하나님 보좌의 좌대로 삼은 의도는 이스라엘의 왕이신 하나님은 _____ 에 근거해서 통치하신다는 사실을 보여주는 그림 언어입니다.

5 십계명이 담긴 상자를 증거궤 혹은 _____ 라 부릅니다. 그렇다면 계명이 곧 언약이라는 말입니다. 언약의 기본 틀은 "나는 네 _____ 이 되고 너희는 내 _____ 이 되리라."입니다.

6 십계명의 서문을 읽어봅시다. 찬송가 표지에 있습니다.
이 십계명을 명하시는 하나님은 이스라엘에게 어떤 분이십니까?

그렇다면 이 말씀을 신약 시대의 우리에게는 어떻게 적용해야 할까요? 당연히 예수 그리스도 안에서 얻은 구원과 연관 지어서 설명할 수 있겠지요.

_____

_____

7 그렇다면 우리가 하나님의 은혜의 통치, 언약에 근거한 하나님의 보호와 다스림을 계속해서 누리기 위해서는 우리는 어떻게 해야 할까요?

8 시은좌에 좌정하시고 천사(그룹)들의 호위를 받으시는 모습. 이 비슷한 그림을 이사야 6장에서 볼 수 있습니다.

　　이 그림을 통해서 시은좌의 이미지에서 뭘 배워야 하는지는 하나님의 호위 천사(스랍)들의 찬송에서 알 수 있습니다. 천사들의 찬송의 내용이 무엇이었습니까? _____

영광의 보좌를 보게 된 이사야의 반응은 어땠습니까? _____
_____

이 일에서 하나님의 보좌가 과연 시은좌 혹은 속죄소임을 보여주는 일이 일어납니다. 죄인임을 고백하는 이사야에게 무슨 일이 생겼습니까?_____
_____

9 시은좌의 좌대가 십계명 돌판, 즉 하나님의 백성의 삶의 표준을 보여주는 계명을 담은 상자라는 사실, 이사야 6장에 나오는 천사들의 찬송 내용, 그리고 레위기의 핵심 구절인 레위기 11:45과 연계시켜서 묵상해 봅시다. 어떤 결론이 나옵니까?
먼저 레위기 11:45을 적어보시고 여러 차례 읽어 봅시다.
_____
_____

그리고 세 가지를 연결해서 결론을 도출해 봅시다.

10 이제 이스라엘이 가나안을 향해서 행군을 할 때 언약궤, 즉 시은좌의 역할
이 무엇이었는지를 생각해 봅시다(민수기 10:33-36).

　　이 때 이스라엘이 '쉴만한 곳'을 누가 찾아냅니까? 주어가 누구로 되
어 있습니까? _____

가능한 일입니까? 이는 언약궤가 곧 _____ 이심을 보여주는 표
현이라고 할 수 있습니다.

11 이 언약궤가 이스라엘을 인도하고 그들을 가로 막는 적을, 장벽을 무너뜨
린 예가 두 번 있습니다.

　　1) 요단강 도하(渡河) —여호수아 3:15-17
　　이스라엘이 요단강을 건널 때 강물이 어느 정도였습니까?

　　_____

　　이 강을 어떤 식으로 건넜습니까? _____

　　이런 결론 어떻습니까?
　　"언약궤 곧 _____ 께서 앞서 나가시면 인간의 힘으로는 이겨낼
　　수 없는 '자연'도 이스라엘을 막을 수 없다."

　　2) 여리고성 붕괴 – 여호수아 6장.
　　문을 굳게 잠그고 꽁꽁 숨어있는 여리고성을 점령할 때 어떻게 했습니까?

　　　① 6일 동안 제사장들이 _____ 를 메고, 그 앞에
　　　　나팔 부는 제사장들과 호위 군사들이 서고 이스라엘군은 그 뒤를

따라서 여리고성을 한 바퀴씩 돕니다.

② 일곱째 날에는 이런 식으로 _____ 바퀴를 돌았습니다. 그리고 나니까 성이 무너졌습니다.

이 일을 두고는 이런 결론을 낼 수 있겠습니다.
"_____, 곧 여호와 하나님께서 앞서 나가시면 인간이 쌓은 성벽도 이스라엘을 막을 수 없다."

마무리

1) 시은좌는 하나님의 자리, 왕좌입니다. 하나님께서 이스라엘 한복판에 있는 성막에 자리를 정하신 것은 하나님께서 이스라엘과 함께 하심을 보여줍니다. 그러니 임마누엘, 즉 우리와 _____ 계시는 하나님이십니다.

2) 그 하나님의 통치의 기초는 _____ 입니다. 시은좌의 좌대가 언약궤라는 사실이 이를 잘 보여줍니다.

3) 그 하나님께서 이스라엘을 이끄시고 보호하십니다.

자, 이런 하나님께서 신약의 이스라엘, 영적인 이스라엘인 교회를 이끄시고 보호하십니다. 그 하나님께 영광의 찬송을 한 곡 바칩시다.

넷째마당

자기 백성에게로
돌아오시는 하나님

사무엘상 6:6-16

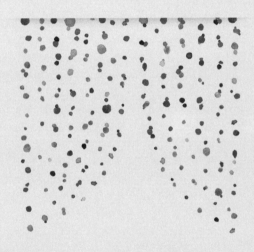

[6]애굽인과 바로가 그들의 마음을 완악하게 한 것 같이 어찌하여 너희가 너희의 마음을 완악하게 하겠느냐 그가 그들 중에서 재앙을 내린 후에 그들이 백성을 가게 하므로 백성이 떠나지 아니 하였느냐 [7]그러므로 새 수레를 하나 만들고 멍에를 메어 보지 아니한 젖 나는 소 두 마리를 끌어다가 소에 수레를 메우고 그 송아지들은 떼어 집으로 돌려보내고 [8]여호와의 궤를 가져다가 수레에 싣고 속건제로 드릴 금으로 만든 물건들은 상자에 담아 궤 곁에 두고 그것을 보내어 가게 하고 [9]보고 있다가 만일 궤가 그 본 지역 길로 올라가서 벧세메스로 가면 이 큰 재앙은 그가 우리에게 내린 것이요 그렇지 아니하면 우리를 친 것이 그의 손이 아니요 우연히 당한 것인 줄 알리라 하니라. [10]그 사람들이 그같이 하여 젖 나는 소 둘을 끌어다가 수레를 메우고 송아지들은 집에 가두고 [11]여호와의 궤와 및 금 쥐와 그들의 독종의 형상을 담은 상자를 수레 위에 실으니 [12]암소가 벧세메스 길로 바로 행하여 대로로 가며 갈 때에 울고 좌우로 치우치지 아니하였고 블레셋 방백들은 벧세메스 경계선까지 따라 가니라 [13]벧세메스 사람들이 골짜기에서 밀을 베다가 눈을 들어 궤를 보고 그 본 것을 기뻐하더니 [14]수레가 벧세메스 사람 여호수아의 밭 큰 돌 있는 곳에 이르러 선지라 무리가 수레의 나무를 패고 그 암소들을 번제물로 여호와께 드리고 [15]레위인은 여호와의 궤와 그 궤와 함께 있는 금 보물 담긴 상자를 내려다가 큰 돌 위에 두매 그 날에 벧세메스 사람들이 여호와께 번제와 다른 제사를 드리니라 [16]블레셋 다섯 방백이 이것을 보고 그 날에 에그론으로 돌아갔더라

자기 백성에게로
돌아오시는 하나님

사무엘상 6:6-16

『성전의 영적인 의미』를 이해하기 위한 설교가 이어지고 있습니다.

1. 하나님과 사람 사이의 알레르기

　이 설교에서 범죄한 이스라엘에게 돌아오셔서 "은혜
롭고 자비하시며 노하기를 더디하고, 인자(헤세드)와
진실이 많은 하나님"이라고 선언하시던 대목, 기억
하시는지요?

2. 그래도 사람을 만나시려는 하나님

　이 설교에서는 성막 입구에 있는 번제단을 살펴봤습
니다. 결론은 "보혈을 지나 아버지 품으로"였죠? 그
감동 벌써 잊으셨나요?

3. 자기 백성들 가운데 좌정(坐定)하신 하나님

> 언약궤 위에 있는 속죄소/시은좌(施恩座) 위에 좌정
> 하시고 당신의 백성과 함께 하시는 하나님, 당신의 백
> 성과 함께 계시고 싶어 하시는 하나님을 배웠습니다.

오늘은 '자기 백성들 가운데 좌정하신 하나님'을 더 이해하기
위해서 구약의 한 사건을 살펴보려고 합니다. 이 사건을 자세히 보
면 '자기 백성과 같이 계시지 않으면 몸살나시는 하나님'을 제대로
이해할 수 있습니다.

들어가는 말

오늘 우리가 살펴볼 본문에는 사람의 이름이 나오지 않습니다.
오직 하나님만 바라보게 하시기 위해서입니다. 그런데 사람들은
사람을 보지 말라고 하니까, 사람이 등장하지 않으니까 눈길을 위
로 주지 않고 오히려 아래로 줍니다. 본문에 등장하는 소를 내려다
보고는 "벧세메스로 가는 암소를 본 받읍시다"고 외칩니다. 본문
의 의도와는 정반대로 가고 있는 듯합니다.

강해

1. 시대배경
2. 블레셋과의 전쟁(삼상 4장)
3. 여호와의 손(삼상 5장)
4. 당신의 백성에게로 돌아오시는 하나님(삼상 6장)
5. 그 백성들의 반응

1. 시대 배경

이 시대는 역사적으로 매우 암울한 시기였습니다. 사사 시대 말기에 이스라엘에 제대로 된 영적인 지도자가 없었습니다. (사사란 이스라엘에 왕정시대가 시작되기 전에 이스라엘을 다스리던 지도자입니다.) 사사이 자 제사장이었던 엘리가 있었습니다만 그의 영적인 지도력은 땅에 떨어져 있었고 그 아들들이 아버지를 대신해서 다스리고 있었지만 그들의 방탕함은 온 이스라엘에 알려져 있었습니다.

기도의 선지자 사무엘이 소년 선지자로서 막 이스라엘에 알려 지기 시작했지만, 아직 그다지 영향력은 약해서 역사의 전면에 부 상되어 있지는 않았습니다.

2. 블레셋과의 전쟁 (사무엘상 4장)

이 때 블레셋과 전쟁이 벌어졌습니다. 첫날 전투에서 이스라 엘이 패했습니다. 무려 4000명이나 전사했습니다. 양쪽이 몇 명의 군사를 이끌고 나왔는지 모르지만 하여간 4000명이나 전사했습니 다. 이 일을 두고 이스라엘의 지도자들이 대책 회의를 열고 패인(敗 因) 분석에 들어갔습니다. 이들은 이스라엘의 지도자들답게 이런 결론을 내렸습니다.

"어찌하여 여호와께서 우리로 블레셋 사람들에게 패하게 하셨는고?"

패인을 제대로 분석해 냈습니다. 하나님께서 이 전투에서 이스라 엘이 패하게 하셨습니다. 이렇게 패인은 잘 파악하는 듯 했으나, 대책은 제대로 내놓지를 못했습니다. 그 대책이 여호와의 언약궤를 이 전쟁터에 가져 오자는 것이었습니다.

언약궤란 지난주에 살펴본 대로 하나님께서 모세를 통해서 주셨던 십계명 돌판이 담긴 상자입니다. 그런데 이 상자의 덮개는 금으로 되어 있고 그 끝에 천사가 날개를 펴서 호위하고 있는 모양을 하고 있습니다. 하나님의 보좌, 즉 시은좌입니다. 물론 하나님을 무슨 신상(神像)처럼 만들지는 않았지만, 거기에 마치 하나님이 앉아 계신 것처럼 자리를 만들어 놓은 셈입니다. 그래서 이 언약궤와 그 위의 시은좌를 실제 하나님이신 것처럼 말하기도 합니다.

이스라엘의 장로들이 이 하나님의 언약궤를 전쟁에 가지고 나오겠다는 생각은 하나님을 이 전쟁에 불러들이겠다는 발상입니다. 좀 외람된 표현입니다만, 하나님을 팔을 비틀어서 억지로 모셔다 놓자는 말입니다. 그렇게 하면 하나님께서 당신의 체면 때문에라도 전쟁을 이기게 해 주실 거라고 믿었습니다. 이 생각이 옳은 것일까요? 그것이 참된 믿음에서 나온 발상이었을까요? 성경은 이에 대해서 아무 언급을 하지 않고 있습니다. 그리고는 이 사건이 끝날 무렵에 가서 스스로 판단하도록 하고 있습니다.

이 시대 이전에 이 언약궤가 이스라엘의 원수를 물리친 일이 있었습니다. 여호수아의 인도 하에 요단강을 건널 때, 그리고 여리고 성을 무너뜨릴 때에 이 언약궤가 이스라엘 백성 앞에서 그 장벽들을 제거했습니다. 그러나 이 두 번의 경우는 하나님의 명령에 의한 것이었습니다. 그리고 이스라엘 백성들은 믿음으로 따랐습니다.

하지만 지금은 이들이 자기들의 판단대로 한 것이었습니다. 그리고 믿음이 아니라 미신이었습니다. 하나님을 앞세우겠다고 하지만, 실상은 미신입니다. 하나님의 이름을 내건 '미신'도 있음을 잘 보여주는 예입니다. 지금 이스라엘이 전쟁에서 패한 것은 언약궤가 없어서가 아닙니다. 그런데도 이스라엘은 지금 언약궤를 전쟁터에 갖다 놓으면, 하나님께서 제대로 함께 하실 것이라고 생각했습니다.

아무튼 이들이 결국 언약궤를 성막에서 꺼내서 전쟁터에 갖다 놓았습니다. 이때, 엘리 제사장의 악한 두 아들도 함께 왔습니다. 이 언약궤가 이스라엘 진중에 도착하자 난리가 났습니다. "여호와께서 우리와 함께 하시니 이제 우리는 이길 것이다." 땅이 진동할 정도로 소리 질렀습니다.

이 소리를 듣고 뭔 일인지 알아본 블레셋 사람들은 더 난리였습니다. 간단히 말하면, "이제 죽었다"는 분위기였습니다. 그들은 이 여호와께서 애굽을 어떻게 이기셨는지 잘 알고 있었던 것 같습니다. 그 여호와께서 자기들과 싸우시면 자기들은 이길 길이 없다고 생각했습니다. 그리고서는 이왕 죽을 거 사나이답게 열심히 싸우다 죽자는 결의를 합니다.

이제 이틀째 전투가 시작되었습니다.

이스라엘도, 블레셋도 똑같은 결과를 예상했습니다. 이스라엘이 승리할 것이라고. 하지만 결과는 예상과는 정반대였습니다. 이스라엘의 대패였습니다. 첫날에는 4000명이 전사했는데, 둘째 날에는 3만 명이나 죽었습니다. 그 당시는 날카로운 철제 무기도 제대로 없던, 이른바 청동기 시절임을 감안한다면, 이건 굉장한 숫자입니다. 별로 날카롭지 않은 창칼에 찔려서 이렇게 많은 사람이 하루 전투에서 죽는다는 건 당시로서는 정말 엄청난 패배였습니다. 양쪽이 다 이스라엘의 대승을 예상했습니다. 사기도 이스라엘이 훨씬 높았습니다. 그런데 이스라엘이 박살이 나고 말았습니다.

단순히 군사가 많이 죽었다는 것이 문제가 아니었습니다. 이스라엘의 제사장 엘리의 두 아들이 전사했습니다. 그리고 무엇보다, 하나님의 언약궤를 뺏기고 말았습니다. 이스라엘은 이제 더 이상 잃을 것이 없을 만큼 다 잃었습니다.

하나님의 언약궤는 이제 이방인의 수중에 들어갔습니다. 왜 하나님은 이런 일을 허락하셨을까요? 분명 하나님께서 능력이 없어서 이렇게 언약궤가 이방인의 수중에 떨어지는 일을 막지 못하신 것은 아닐 텐데…. 이어지는 이야기를 보지 않는다면, 우리는 그 답을 몰라서 낙심할 수밖에 없을 것입니다.

3. 여호와의 손 (사무엘상 5장)

블레셋 사람들은 이 언약궤를 자기들의 민족 신(神)인 다곤의 신전(神殿)에 갖다 놓았습니다. "이 위대한 이스라엘의 신을 우리의 신 다곤께서 이기셨다. 이제 그를 포로로 잡아와서 다곤 신 앞에 무릎 꿇려 놓았다." 이런 생각으로 다곤 신당에 갖다 놓은 것 같습니다. 정말이지 이스라엘의 바보짓 때문에 하나님께서 수모를 당하고 계셨습니다.

그런데 다음 날 아침에 묘한 일이 벌어집니다. 블레셋 사람들이 다곤 신전에 들어가 보니까 다곤 상이 여호와의 궤 앞에 엎드려 있었습니다. 얼굴이 땅에 닿아 있었습니다. 마치 여호와께 절을 하고 있는 듯이 보였습니다. 이를 본 아스돗 사람들이 다곤을 일으켜 세워서 원래 자리에 두었습니다.

신의 손, 사람의 손

지금 이 대목을 유심히 보셔야 합니다. 당연히 신상이 넘어져 있으니까 일으켜 세워서 제 자리에 갖다 놓아야지요. 그렇습니다. 이 다곤 신은 살아있는 신이 아닙니다. 그러니까 넘어진 신은 사람의 손이 없으면 일어날 수가 없습니다. 신이 그 손으로 사람을 돕는 것이 아니라 사람이 손으로 신을 붙잡고 일으켜 줄 수밖에 없었습니다.

그렇다면 하나님은, 만군의 여호와 하나님은 어떻습니까? 이스라엘 사람의 손에 들려서 전쟁터로 나왔던 여호와는, 이제 블레셋 사람의 손에 들려 이 신당까지 왔습니다. 이 여호와께서는 사람의 손에 의지하지 않고 원래의 자리로 돌아가실 수 있을까요? 다곤은 자기를 일으켜줄 자기 백성의 손이 가까이 있었습니다. 그렇다면 여호와는요? 여호와의 백성의 손은 지금 멀리 있는데 어떻게 원래의 자리로 돌아가실 수 있을까요?

자, 이제부터 이 '손'이라는 단어를 주목해야 합니다. 5장과 6장에서 이 '손'이 얼마나 자주 등장하는지 살펴보시기 바랍니다.

그 다음날 아침에는 더 큰 일이 벌어졌습니다. 이 날도 다곤 신상이 여호와의 언약궤를 향해서 얼굴을 땅에 대고 엎어져 있습니다. 그런데 놀랍게도 그 목과 손이 부러져 있었습니다. 다곤 신전의 제사장이 새파랗게 질릴 수밖에 없습니다. 자기네 신의 목이 부러지고 손이 잘렸습니다.

블레셋 사람들은 자기의 신 다곤이 이스라엘의 신 여호와를 이겨서, 그 여호와를 포로로 잡아다 놓았다고 생각했습니다. 그런데, 한 방에 데려다 놓으니까, 다곤이 그 여호와 앞에 머리를 조아렸습니다. 설마 우연이겠지 생각하고 다시 일으켜 세워 놓았더니 다음 날에는 목이 날아갔습니다. 누가 이긴 겁니까? 누가 승리자입니까? 다곤이 승자인 줄 알았더니, 목이 달아났습니다. 이때까지만 해도 블레셋 사람들이 수상한 낌새를 알아차리지 못했던 것 같습니다.

다곤의 손목도 부러졌습니다. 어차피 있어도 소용없는 손이긴 했습니다. 이런 일이 왜 일어났는지는 성경이 설명을 하지 않고 있습니다. 신상이 다 산산조각 나거나, 다른 부위가 부러지지 않고 손과 목이 부러졌다는 데 의미가 있습니다. 목은 붙어 있어도 살아 있지 않으니 필요 없고, 손은 있어도 사람의 손 없이는 움직이지 못하니 손도 필요 없습니다. 뭔가 강한 암시가 있는 듯하지 않습니까?

그런데, 놀라운 일들이 여호와의 언약궤가 머물고 있는 이 아스돗 성에 일어나기 시작합니다. 독종이 사람들에게 생겼습니다. 독종이란 독한 종기라는 뜻입니다. 이 독종이 생겨서 성이 망할 지경에 이르렀답니다. 사람들이 엄청나게 죽어가고 있다는 말입니다. 이 다곤의 백성 블레셋과 하나님 사이에 알레르기가 오고 있습니다. 5:6을 보겠습니다.

> "여호와의 손이 아스돗 사람에게 엄중히 더하사 독종의 재앙으로 아스돗과 그 지경을 쳐서 망하게 하니"

여호와의 손! 이 얼마나 놀라운 말입니까? 다곤은 그 손으로 이스라엘과 그 이스라엘의 하나님을 이기고 여호와를 포로로 잡아다 놓았다고 블레셋 사람들은 생각했습니다. 그런데, 이 여호와의 손이 다곤의 백성들을 죽음으로 몰아가고 있습니다. 다곤은 이 백성들을 곤경에서 건져줄 수가 없었습니다. 손이 잘렸기 때문에 그렇다고 블레셋 사람들은 생각했을지도 모르겠습니다. 그리고 이 일은 분명 하나님이 하신 일이라고 생각했습니다. 그 분의 손이 우리와 우리의 신 다곤을 친다고 비명을 질렀습니다(5:7).

견디지 못한 이 아스돗 사람들이 이 언약궤를 다른 성으로 보내기로 합니다. 다른 곳에 보내봐서 거기서도 이런 일들이 생기는지 보자는 심산이었겠지요. 그래서 '가드'라는 성으로 보냈습니다. 이곳은 나중에 다윗과 싸웠던 거인 장수 골리앗의 동네입니다. 언약궤가 이곳에 가자, 여호와의 손이 그 성을 더 세게 쳤습니다. 독종이 나지 않은 사람이 없었습니다.

견딜 수 없게 되자 이 언약궤를 이번에는 에그론으로 보냅니다. 이 블레셋이라는 나라는 다섯 성을 중심으로 이뤄진 나라였습니다. 그 중 대표적인 두 성에서 어려움이 생기자 다른 성으로 보내 본 것입니다. 에그론 백성들이 난리가 났습니다.

"누구 죽이려고 이러느냐? 왜 우리 동네로 보내느냐?"
아마 요즘 같으면 성문에 모여서 펼침막을 들고 데모를 했지 않았을까 싶습니다.

하여간 이렇게 해서 블레셋 백성들의 부르짖음이 하늘에 사무쳤습니다(5:12).

4. 당신의 백성에게로 돌아오시는 하나님 (사무엘상 6장)

여호와의 언약궤가 블레셋에 머문 지 일곱 달이 지났습니다. 꽤나 길게 버틴 것 같습니다. 더 이상은 견디지 못하고 다곤의 제사장들과 무당들이 모여서 의논을 합니다. "어떻게 이 골치 아픈 언약궤를 돌려 보낼래?" 보내긴 보내야 한다는 생각은 이미 다 하고 있었습니다. 문제는 어떻게 보낼 지만 의논합니다.

이 제사장들과 무당들이 이렇게 말합니다. "그냥 돌려보내면 안 됩니다. 화가 난 여호와를 달래야 합니다. 그러니 선물을 바칩시다." 이래서 이들은 독종모양의 금덩이 다섯 개를 준비합니다. 다섯 개인 이유는 블레셋이 다섯 성을 중심으로 이뤄진 나라였기 때문입니다. 그러니 '모든 블레셋이 여호와 당신께 선물을 드립니다.' 이런 뜻입니다. 그리고 금으로 쥐 모양을 다섯 개를 만들었습니다. 아마 쥐가 옮기는 병이라고 생각했던 것 같습니다.

이들은 자기들 방식으로 이해합니다. 이렇게 선물을 바쳐야 하나님이 화를 푸실 거라고 생각했던 것 같습니다. 하나님을 알지 못하는 이방인들이 뭔 선물을 하던지 우리로서는 신경 쓸 일은 아닌 듯합니다.

정작 신경 써야 할 가장 중요한 대목은 바로 이겁니다. "지난 일곱 달 동안 일어난 이 대재앙이 정말 이 여호와께서 그 손으로 하신 일이 맞을까?" 이걸 마지막으로 확인하고 싶었습니다. 그래서 이들은 이런 방법을 쓰기로 했습니다.

1) 수레를 새로 만들자. 하나님을 모시고 갈 수레니까 당연히 쓰던 거, 소똥이라도 묻은 수레를 쓸 수 없지 않은가?

제법 정성을 쏟고 있는 것으로 보아 어지간히 혼이 난 모양입니다.

2) 이 수레를 소가 끌게 하되,

첫째, 수레를 끌어 본 적이 없는 소에 수레를 메자. 수레를 달아도 뭘 해야 할지 모른 소.

둘째, 젖 먹는 송아지 딸린 암소를 쓰자. 그리고 송아지는 집에 가둬
두자. 새끼 내버리고 이스라엘로 가기야 하겠는가?

셋째, 그래도 혹시 모르니까 두 마리를 쓰자.

"만약에 이 소들이 수레를 끌고 가장 가까운 이스라엘 성, 벧세
메스로 가면 이때까지 블레셋에 있었던 재앙은 하나님이 내리
신 것이요, 만약 그렇지 않으면, 재앙은 우연히 생긴 일이다."

생각해 봅시다.

① 수레를 끌어 보지도 않은 소가 낯선 동네, 남의 나라 땅
으로 잘 갈까요?

② 송아지 딸린 소가 송아지 내버려 두고 다른 방향으로 갈
까요?

③ 소 한 마리는 혹시 그럴 수 있어도 두 마리가 다 남의 나
라 땅으로, 송아지 내버려 두고 갈 가능성이 있을까요?

왜 두 마리가 필요했을까요? 한 마리로 끌 수 없는 무게였기
때문일까요?

언약궤는 113×68×68cm의 상자이며 조각목으로 만들어서 금으
로 입혔습니다. 그리고 그 안에는 십계명 돌판 둘, 기타…. 그리고
선물로 준비한 금 독종 5개, 금 쥐 다섯. 이 금쥐가 실제 쥐보다 크
지는 않을 듯합니다. 그렇다면 이것들 전부 다를 소 한 마리가 끌 수
없는 무게일까요? 아무리 계산해 봐도 그렇지는 않을 것 같습니다.

그러면 굳이 이 수레를 소 두 마리가 끌게 했을까요? 한 마리로 하면 혹시 이 소가 제 정신이 아니어서 비정상적으로 행동할 수는 있지만 두 마리라면 정상적인 행동, 누구나 예측할 수 있는 행동을 할 거라고 생각했기 때문입니다.

이 정도면 자물쇠를 세 개를 채워 놓은 셈입니다. 정상적인 소라면 절대로 이스라엘로 안 갑니다.

자, 이렇게 해서 이제 멍에를 매 본적이 없는 암소, 그 중에서 젖먹이 송아지 딸린 암소 둘을 선발합니다. 송아지는 집에 가두고, 암소에게 수레를 달았습니다. 하나님의 시은좌를 싣고, 선물도 실었습니다. 그리고는 가만히 놔둡니다. 누가 끌거나, 소리 지르지 않습니다. 채찍도 휘두르지 않고 가만히 내버려둡니다. 과연 소들은 이 블레셋 사람들 계산대로 이스라엘로 갈까요?

소들이 서서히 움직이지 시작합니다. 이제 우리 성경이 증거하는 바를 들어 봅시다. 12절입니다.

> "암소가 벧세메스 길로
> 1) 바로 행하여
> 2) 대로로 가며
> 3) 갈 때에 울고 좌우로 치우치지 아니하였고
> 블레셋 방백들은 벧세메스 경계까지 따라 가니라."

암소가 이스라엘땅 벧세메스 길로 바로 갈 가능성이 있을까요? 자기들 몸에 수레를 처음 매달아 놨는데, 주인이 뭘 하라고 달아놓은 건지도 모르는 소들이 끌고 어디론가 가기는 할까요? 더구나 어디로 가야 하는지 알까요?

그런데 놀랍게도 이 소들이 벧세메스로 바로 갔습니다. 곧장 갔습니다. 그것도 대로(大路)로만 갔습니다. 좌로도 우로도 치우치지 않았습니다.

울며 울며 벧세메스로

이 12절에서 우리가 가장 유념해서 보아야 할 구절은 바로 이 소들이 가면서 내내 울었다는 말입니다. 이 소들이 길을 가는 내내 울었습니다. 왜 울었을까요? 무엇 때문에 이 소들은 울고 있을까요? 배가 고파서일까요? 옛날 대중가요 가사처럼 님이 그리워서 울고 있을까요? 뭣 때문에 울고 있습니까?

그렇습니다. 이 소들은 새끼를 버려두고 가는 것이 싫었습니다. 새끼들이 안 보이니까 울었습니다. 새끼를 찾아서 웁니다. 어쩌면 이 어미 소들은 이미 젖이 불어서 새끼가 더 생각이 나고 있었을는지도 모를 일입니다.

아니, 그러면 가지 말고, 이스라엘 땅으로 가지 말고 집으로 돌아가면 될 거 아닙니까? 좀 민망한 표현이기 합니다만, 이 소들이 미쳤습니까? 새끼가 보고 싶어 울 지경이면 집으로 돌아가면 될 거 아닙니까? 광우병에라도 걸린 소랍디까? 왜 안 돌아 간답니까? 그것도 한 마리가 혹시라도 정신이 없어 그런다면 다른 한 마리 소라도 집으로 간다고 날뛰어야 정상 아닙니까? 그런데 왜 그냥 간답니까?

아니, 산 너머에는, 저 낯선 땅 이스라엘에는 꿀이라도 숨겨 놓았답니까? 맛있는 풀이 많아서 간답니까? 뭐가 좋아서 울고불고 하면서도 벧세메스라는 이스라엘 땅으로 가고 있답니까? 왜 안 멈춥니까? 왜 안 돌아섭니까?

아니, 좀 더 정확하게 물읍시다. 왜 못 돌아서고 있을까요? 왜 이 수레를 끌고 가기 싫어 울고불고 하면서도 기어이 기어이 이스라엘 땅으로 갈 수 밖에 없었을까요?

이 소들은 가기 싫었습니다. 젖먹이 새끼 버려두고 좋을 것도 없는, 낯선 곳을 향해 가고 싶을 이유는 없었습니다. 억지로 끌려가고 있었습니다. 가기 싫어서 울고불고 하면서 끌려가고 있습니다.

이 당시, 이 지역에도 우리나라처럼 소의 코를 뚫어서 뚜레를 꿰었는지는 잘 모르겠습니다. 하지만 분명한 것은 지금 이 소들은 코뚜레가 있건 없건 간에 어떤 사람도 끌고 가고 있지 않습니다. 채찍으로 때리면서 데려 가는 것도 아닙니다. 그럼에도 불구하고 이 소들은 마치 코뚜레를 꿰어서 누가 끌고 가기라도 하는 듯이 꼼짝 못하고 가고 있습니다.

생각해 봅시다. 그렇게 울면서 가기 싫다면, 그래서 억지로 끌려가고 있다면, 가기 싫어서 몸부림이라도 칠 거 아닙니까? 그러다가 보면 소가 이리저리 비틀거리고, 수레가 덜컹거리고 할 수도 있지 않습니까? 그런데도 이 소들은 좌우로 왔다 갔다 하지도 않았습니다.

우리 성경을 보면 12절을 "울고 좌우로 치우치지 아니하였고"라고 번역되어 있습니다. 이 부분은 "울면서도 좌우로 치우치지 아니하였고"로 번역해야 이해가 더 잘 될 것 같습니다. 이 소들을 돌아가고 싶어서 울면서도 이리저리 몸을 비틀지도 않았습니다. 마치 누군가가 고삐를 아주 야물딱지게 바투 잡고 끌고 가고 있는 것 같이 보입니다. 대체 누구일까요? 무슨 힘이 이 짐승들을 꼼짝 못하게 하고 있습니까? 누구의 손이 이 소들을 끌고 벧세메스로 가고 있습니까?

우리는 그 답을 알고 있습니다. 바로 이스라엘의 하나님, 만군의 여호와 그 분이었습니다. 그 분의 손이 이 짐승들을 끌고 가십니다. 블레셋 방백들은 생각했습니다. "새끼 딸린 소가 새끼가 있는 집으로 빨리 가고 싶은 생각, 본능, 이것을 이기고 억누르면서까지 언약궤를 실은 수레를 기어코 이스라엘로 간다면, 이는 분명 여호와가 하는 일이다." 정답이 나왔습니다. "여호와의 손"입니다.

하나님께서 당신의 보좌인 그 언약궤 위에 좌정하시고, 그 수레를 끄는 소들을 잡으시고 이스라엘로 향해 가고 계십니다. 새끼보고 싶은 소들이 울며불며 돌아가고 싶어 하지만, 하나님은 그 소들이 몸부림치는 것조차 허용하지 않으셨습니다.

> "요놈들아, 미안하지만 조용히 좀 가자. 너희들이 새끼 보고 싶어 난리냐? 지금 내 새끼, 내 이스라엘은 내가 가고 없다고 실망해서 울지도 못하고 있단다. 가만히 좀 있거라. 나도 내 새끼들한테 가야 된다."

손이 있어도 소용이 없던 다곤 신과는 달리, 하나님께서는 친히 당신의 손으로 문제를 해결하시고 소가 끄는 수레 위에 올라 앉으셔서 이스라엘 백성에게로 돌아오십니다.

이스라엘 땅 벧세메스 백성들이 농사를 짓다가는 산 너머로 울며불며 오는 소들을 보았습니다. 뭔 소가 울면서 울면서 꾸역꾸역 이

쪽으로 오고 있습니다. 그 뒤에 수레가 딸려 있는 것도 보았습니다.

아! 근데 이게 뭡니까? 그 수레에 바로 하나님의 언약궤가 실려 있지를 않습니까? 할렐루야! 이게 웬 일입니까? 그 수레에 하나님의 보좌, 시은좌가 있었습니다. 그러니, 거기에 하나님이 앉아 계신 것이 아니고 무엇이겠습니까? 마치, 꽃마차를 타고 백성들에게 손을 멋있게 흔들면서 들어오는 왕의 모습이 아닙니까? 백마를 타고 개선장군이 귀국하듯이, 환영 나온 백성들에게 멋있게 웃어주면서 손을 흔드는 위풍당당 개선 장군, 개선하는 임금의 모습이지 않습니까? 백성들은 하나님의 언약궤를 되찾을 엄두도 못 내고 있는 이 상황에서, 자기 백성들의 손을 전혀 빌리지 않고서 친히 당신의 손으로 전쟁에서 승리하시고 영광을 온 땅 위에 선포하시면서 돌아 오셨습니다.

하나님께서 당신의 백성 이스라엘이 아닌 블레셋 땅에 잠시 가 계셨습니다. 그런데 이 땅에 알레르기가 옵니다. 하나님께서 자기 백성들이 아닌 다른 민족 틈에 계시니 몸살이 나십니다. 견디시지 못합니다. 그래서 하나님께서 친히 당신의 손으로 문제를 해결하십니다. 친히 돌아오셨습니다. 이스라엘 백성이 사는 곳, 바로 그곳이 하나님이 계셔야 하는 곳이었습니다.

5. 백성들의 반응
백성들이 밀 베다가 말고 이 언약궤를 알아보고는 기뻐했습니다. 그리고는 이 수레를 화목으로 삼고 이 소들을 제물로 삼아서 하나님께 제사를 드렸습니다.

하나님께서 친히 자기 백성들을 위해서 그 백성 가운데로 돌아오셨습니다. 하나님은 임마누엘, 우리와 함께 하시고 싶어 하시는 하나님이므로 돌아오셨습니다. 이런 하나님의 역사를 보고서 하나님의 백성들이 할 수 있는 일은 기뻐하고 영광의 하나님을 경배하는 것뿐입니다.

이 제사를 생각해 봅시다. 새로 만든 수레, 이 언약궤를 실고 소들이 끌고 온 이 수레를 땔감으로 삼았습니다. 제물은 그 암소들이었습니다. 이 제사 역시 여호와께서 다 준비하신 것이었습니다. 주께서 친히 당신의 손으로 모든 문제를 해결하시고, 백성들이 감사드릴 제사에 필요한 모든 것도 준비하셨습니다. 정말 이스라엘은 감사하는 마음만으로 충분했습니다. 백성들이 할 일은 기쁨으로 드리는 경배뿐이었습니다.

당신의 백성들이 사는 곳을 당신의 집으로 삼으시는 하나님, 그 하나님을 기뻐하고 경배하는 백성. 이 얼마나 아름다운 사랑입니까?

결론/적용

1. 하나님께 경배합시다. 하나님은 언제나 주님의 백성과 함께 있고 싶어 하십니다.

하나님을 잘못 섬겨서 벌 받고 있는 하나님의 백성이 좌절하고 실망하고 힘이 빠져 있을 때, 하나님은 다시 찾아오셔서 '걱정마. 널 영 떠난 건 아냐!'라고 위로하시고 싶어 하십니다.

하나님께서 왠지 좀 멀리 가 계신 것 같으신가요? 오늘 이 일을 통해서 자기 백성과 같이 계시고 싶어 하시는 하나님께서 하시는 말씀을 들으셨습니까?

"야, 이 녀석아. 내가 네 곁에, 네 안에 안 있고 어디 간단 말이냐?"

염려하지 마시고 우리 곁에 계시는 하나님을 부릅시다. 그 분은 우리가 미처 부르기도 전에 이미 우리 곁에 와 계십니다.

이 하나님께 우리 찬송을 한 곡 바쳐드려야 하지 않겠습니까?

2. 임마누엘이신 예수님의 모습이 이 본문에서 보입니까? 하나님으로부터 멀리 떨어져 있으면서도 하나님께로 돌아오려고 하지도 못하고 있는 자기 백성들에게로 오시는 하나님, 바로 동정녀 마리아의 몸에서 탄생하신 그리스도이십니다. 그래서 이 예수님의 별명이, 우리나라 식으로 말하자면, 그 분의 호(號), 아호(雅號)가 바로 임마누엘이라는 말입니다.

이스라엘 백성들이 이 언약궤가 돌아온 일, 하나님께서 친히 이 궤를 찾아오신 일을 통해서 함께 하시는 하나님을 알게 되었다면, 우리는 예수 그리스도를 통해서 더 분명하게 임마누엘의 은혜를 누릴 수 있습니다.

그러므로 이 본문의 역사를 통해서 우리는 구약의 이스라엘보다 더 기뻐하고 감사해야 합니다.

주께서 우리 교회와 우리 모두의 삶에 늘 임마누엘의 은총을 주시기를 기원합니다.

본문 살피기

본문은 사무엘 6장입니다만, 사건이 이어지고 있으니 당연히 4장과 5장도 살펴 보아야겠습니다.

4:2-4 블레셋과의 전쟁, 첫째 날 전투

* 어느 쪽이 이겼습니까? 이스라엘의 피해 규모가 어느 정도였습니까?

_____

* 이스라엘 장로의 대책은 무엇이었죠?

_____

4:5-9 언약궤가 이스라엘 진영에 들어옴
* 이스라엘과 블레셋의 반응, 어느 쪽이 길게 서술되었습니까?

4:10-11 전쟁의 결과 / _____ 의 승리
* 이스라엘의 전사자 / _____명
* 언약궤는 어떻게 되었죠?

5:1-5 다곤 신전에 모셔진 여호와
어떤 일이 생겼습니까? _____

5:6-12 블레셋 사람에게 전염병 발생
누구의 손이 한 일입니까? _____

6:1-9 언약궤를 돌려 보내려는 블레셋

여호와의 손인가? 아니면 _____ 만난 일인가?

6:10-16 언약궤는 어디로? _____

깊이 들여다 보기

1 첫날 전투에서 이스라엘은 크게 패했습니다. 이 일을 두고 이스라엘의 수
뇌부가 진단한 패인(敗因)은 무엇이었습니까?

4:3 _____

그 진단에 따른 어떤 대책을 세웁니까? _____
_____

2 언약궤를 전쟁터에 가져온다는 것이 무엇을 의미합니까?

_____

이 판단이 옳았습니까? 참된 믿음이었을까요? _____
_____

3 이 전쟁 이전에 언약궤가 이스라엘 백성 앞에 서서 행군한 전투가 있기는
했습니다. 두 번 있었죠. 언제입니까?

1) _____
2) _____

이 두 경우와 지금 이 전쟁에 언약궤를 들고 오겠다는 판단 사이에는 어
떤 차이가 있습니까?

_____
_____

4 4:5-9 언약궤가 전쟁터에 도착했을 때 이스라엘과 블레셋 양 진영이 다 난리
　가 났습니다. 그런데 어느 쪽 반응이 더 길게 기록되어 있습니까?

　_____

　왜 사무엘서의 저자는 왜 그들의 반응을 더 길게 적었을까요? 독자인 우리
　들이 어떤 생각을 하기를 원하고 있습니까? _____

　_____

　상상력 발휘 이 대목에서 우리 상상력을 발휘해 봅시다. 도대체 블레셋이
　하나님에 대해서 어떻게 알았을까요? _____

　_____

　블레셋이 아는 하나님은 어떤 분이었습니까? _____

　_____

5 4:10-11 이스라엘의 사기가 하늘을 찌를 듯 했습니다. 둘째 날 전투가 시작
　됩니다. 누가 이겼습니까? _____
　피해 규모는 어느 정도입니까?
　　1) 전사자 / _____
　　2) 그 외의 중요한 손실은? / _____

　_____

이 시대는 아직 철기 시대가 본격화 되지 않았던 것 같습니다. 그렇다면 놋
으로 된 별로 날카롭지 않은 창칼에 찔려 이스라엘 군이 그렇게 많은 병사
가 죽었습니다. 가히 기적에 가까운 패전입니다.
　이런 참패의 원인을 본문은 말하고 있지 않습니다. 여러분은 어떻게 진
단하십니까?

상상력 발휘 사기가 높은 이스라엘이 참패했습니다. 전투가 시작되었을 때, 사기가 충천해 있는 이스라엘이 함성을 지르며 달려갔을 법 합니다. 그런데 왜 그렇게 참패했을까요? 블레셋 군이 창만 갖다 대면 이스라엘 군인의 급소에 저절로 정확하게 찔려 들어갔을까요? 아니면 블레셋 병사와 마주치기만 하면 이스라엘 군인의 몸이 뻣뻣하게 굳어 버렸을까요?

6 하나님의 언약궤를 블레셋의 민족 신(神) 다곤의 신전에 갖다 놓았습니다. 무슨 마음으로 이렇게 했습니까? _____
_____

7 다곤 상(像)이 여호와의 언약궤, 즉 여호와를 향해 엎어져 있었습니다. 그러자, 다곤의 제사장들이 다곤을 일으켜 '원래의 자리'에다 갖다 놓습니다. 다곤은 사람의 '손'이 있어야 원래의 자리로 돌아갈 수 있습니다.

그렇다면 여호와께서는 누구의 손에 의지해서 원래의 자리로 돌아갈 수 있을까요? 저자는 우리에게 이 점을 주목하라고 요청합니다. 이제 5장과 6장에 '손'이 몇 번 나오는지 살펴 봅시다.
5장 : _____ 회
6장 : _____ 회

8 다음 날 아침에도 다곤은 여호와를 향해 절을 하고 있습니다 그런데 이 날은 엎드려진 채로 목과 손이 부러져 있었습니다. 왜 이런 일이 생겼습니까? 블레셋인들의 판단을 빌려 봅시다.(5:7) _____
_____

9 언약궤가 머물렀던 아스돗에 전염병이 발생해서 온 성(城)이 망할 지경이 되

었습니다. 이 재앙이 왜 왔습니까? 저자는 무어라 말합니까? (5:6) _____
_____

10 언약궤를 아스돗에서 가드로, 가드에서 다시 에그론으로 옮겨도 역병은
   사그라질 기미가 보이지 않았습니다. 도리어 더 심해져만 갔습니다. 견디
   지 못한 블레셋의 다섯 성주(城主)들이 언약궤를 '본처'로(개역한글판), '그 있
   던 곳으로'(개역개정) 돌려보내기로 결심합니다. 이 언약궤를 돌려 보내면
   서 블레셋 지도자들이 마지막으로 확인하고 싶었던 것은 무엇입니까? (6:9)
   _____
   _____

11 6:6 다시 블레셋인들이 '출애굽의 하나님'을 언급합니다. 이들이 오히려 이
   스라엘보다 더 출애굽 때의 하나님께서 하신 일을 더 잘 아는 듯합니다.
   출애굽 때는 하나님의 백성이 하나님의 원수의 땅에서 벗어났습니다. 이
   번에는 누가 하나님의 원수의 손을 벗어납니까? _____
   _____

12 하나님의 시은좌(施恩座)를 실은 수레를 암소의 몸에 묶었습니다. 이 암소
   들을 아무도 끌고 가지 않고 가만 둡니다. 이 소들이 공연히 이웃 나라 이
   스라엘로 갈 가능성을 제로로 만들기 위해서 블레셋 지도자들은 세 가지
   안전장치를 마련합니다. 말해봅시다.

   1) _____ 를 메어보지 않은 소
   2)_____ 나는 소
   3) _____ 마리

13 멍에를 메어보지 않았다는 것은 수레를 끌어 본 적이 없다는 뜻입니다. 이런 소들에게 수레를 달아 놓으면 아무 말 않고 잘 끌고 갈까요? 아니면 이상해서 날 뛸 가능성이 클까요?

14 젖먹이 송아지 딸린 암소들을 송아지를 집에 가둬 놓고 어미에게 수레를 달아 놓으면 가본 적도 없는 낯선 땅으로 갈까요?

이 소들이 가면서 내내 울었습니다. 왜 울었을까요? _____
_____

그렇다면 왜 돌아서서 집으로 가지 않았을까요? _____
_____

15 5장, 6장을 이어오면서 계속 '손'이 이야기의 소재가 되었습니다. 이제 마지막 대목에서 암소가 중심에 떠오릅니다. 새끼가 보고 싶어 울고 있는 암소. 그러면서도 보이지 않는 '손'에 끌려가는 모습 속에서 또 다른 모정(母情)을 읽을 수 있습니까? 설교에서 그대로 인용해 봅니다.

"요놈들아, 미안하지만 조용히 좀 가자. 니들이 새끼 보고 싶어 난리냐? 지금 내 새끼, 내 이스라엘은 내가 가고 없다고 실망해서 울지도 못하고 있단다. 가만히 좀 있거라. 나도 내 새끼들한테 가야된다.

훗날 선지자 이사야의 장엄한 선포가 이 암소들의 울음소리에서 미리 들리지 않습니까? 이사야 49:15입니다. 우리 한번 적어 볼까요?
_____
_____

외워두고 싶지 않으세요? 이사야 49장 15절입니다.

16 사무엘상 4장에서 6장까지 줄곧 '언약궤'가 등장합니다. 하지만 이 언약
궤의 뚜껑은 하나님의 보좌, 곧 시은좌입니다. 금으로 되어 있어 하나님
의 거룩하심과 영광을 나타내고 있습니다. 좌우에 천사가 날개를 펴고 있
습니다.

상상력 발휘 또 상상력을 동원해 봅시다. 햇빛을 받아 더 찬란할 하나님의
시은좌를 바라본 벧세메스 백성들. 어떤 생각이 들었을까요?

정리하기

17 정리합시다. 오늘 주제가 뭐였습니까? _____
당신의 백성과 함께 하시기를 기뻐하시는 하나님께 바칠 찬송을 찾아봅시
다. 그리고 함께 불러 봅시다.

18 주님은 변덕이 없으십니다. 신실하신 하나님이십니다. 그래서 늘 당신의
백성과 함께 하십니다. 하지만 우리는 기분에 따라 그분이 내 안에 안 계
신다고, 혹은 멀리 계신다고 생각하곤 합니다. "내가 이 문제를 정리할 때
까지는 주님은 내 근처에도 안 오실거야." 이렇게 '굳게' 믿고 있지는 않
습니까?

다섯째마당

당신의 백성들을
먹이시는 하나님

레위기 24:5-9, 신명기 8:3, 11, 17-18

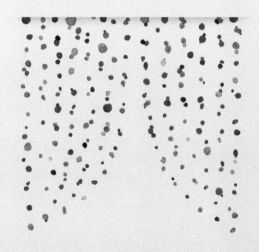

레위기 24:5-9

[5]너는 고운 가루를 가져다가 떡 열두 개를 굽되 각 덩이를 십분의 이 에바로 하여 [6]여호와 앞 순결한 상 위에 두 줄로 한 줄에 여섯씩 진설하고 [7]너는 또 정결한 유향을 그 각 줄 위에 두어 기념물로 여호와께 화제를 삼을 것이며 [8]안식일마다 이 떡을 여호와 앞에 항상 진설할지니 이는 이스라엘 자손을 위한 것이요 영원한 언약이니라 [9]이 떡은 아론과 그의 자손에게 돌리고 그들은 그것을 거룩한 곳에서 먹을지니 이는 여호와의 화제 중 그에게 돌리는 것으로서 지극히 거룩함이니라 이는 영원한 규례니라

신명기 8:3, 11, 17-18

[3]너를 낮추시며 너를 주리게 하시며 또 너도 알지 못하며 네 조상들도 알지 못하던 만나를 네게 먹이신 것은 사람이 떡으로만 사는 것이 아니요 여호와의 입에서 나오는 모든 말씀으로 사는 줄을 네가 알게 하심이니라

[11]내가 오늘 네게 명하는 여호와의 명령과 법도와 규례를 지키지 아니하고 네 하나님 여호와를 잊어버리지 않도록 삼갈지어다 [17]그러나 네가 마음에 이르기를 내 능력과 내 손의 힘으로 내가 이 재물을 얻었다 말할 것이라 [18]네 하나님 여호와를 기억하라 그가 네게 재물 얻을 능력을 주셨음이라 이같이 하심은 네 조상들에게 맹세하신 언약을 오늘과 같이 이루려 하심이니라

당신의 백성들을
먹이시는 하나님

레위기 24:5-9, 신명기 8:3, 11, 17-18

복습

성전/성막의 핵심은 성전 본 건물 제일 안쪽 방, 지성소(至聖所)입니다. 하나님의 방이라고 할 수 있습니다. 이 지성소에는 언약궤가 있고 그 언약궤 위에는 시은좌(施恩座), 은혜를 베푸시는 보좌가 있습니다. 천사의 호위를 받고 계신 하나님의 보좌입니다. 이 보좌에서 이스라엘에게 말씀하시고 통치하십니다. 말 그대로 왕의 자리, 옥좌(玉座)입니다.

성전/성막의 입구에는 뭐가 있었습니까? 성막의 커튼을 열어젖히고 들어가면 번제단이 있었습니다. 하나님의 백성이 하나님 앞(하나님의 시은좌 앞)으로 나아가려면 이 번제단을 거쳐야 합니다. 하나님의 백성들의 죄를 대신할 짐승을 이 번제단 곁에서 잡아서 그 피를 번제단 아래에 붓고 짐승의 몸은 그 번제단에 올려 제사를 드렸습니다.

이 두 가지를 통해서 우리는 이런 결론을 얻었습니다. "피의 제사를 통해서만 하나님께 나아갈 수 있다." 그래서 '보혈을 지나 하나님 품으로'라는 찬송으로 결론을 지었습니다.

강해
두 본문을 중심으로 살펴보겠습니다.
1. 얼굴의 떡 / 레위기 24:5-9
2. 하늘 양식 / 신명기 8장

1. '얼굴의 떡' 레위기 24:5-9
자, 이제 오늘은 성전의 앞쪽 방, 지성소 앞에 있는 방에 놓인 성구(聖具) 하나를 생각해 보고자 합니다. 이 방은 성소라고 부릅니다.

성소에는 세 개의 성구가 있습니다. 입구에서 들어서면 왼쪽에 칠지등대(七支燈臺)가 있습니다. 중앙에, 하나님의 방인 지성소 휘장 바로 앞에는 향단(香壇)이 있습니다. 그리고 오른쪽에 떡상이 있습니다. 물론 이 떡상도 조각목으로 만들어 금을 입혔습니다.

이 떡상에는 떡을 열두덩이를 만들어 여섯 개씩 두 줄로 진열해 둡니다. 그런데 이 떡의 이름이 출애굽기 25:30을 보면 진설병(陳設餅)이라고 합니다. 쉽게 말하면 진열되어 있는 떡이라는 말입니다. 이 번역은 좀 이해하기 어렵습니다. 원문을 보면 '얼굴의 떡'이라고 되어 있습니다. 이 떡을 설명하는 성경을 다 찾아봐도 얼굴 모양의 떡은 아닌 거 같습니다. 그러면 무슨 뜻일까요?

1) '얼굴'이란 말을 먼저 생각해 봅시다.

'얼굴이 이쁘다'라고 했을 때의 얼굴과 '잔치에 얼굴을 내민다'고 했을 때의 얼굴은 의미가 좀 다릅니다. 두 번째 얼굴은 잔치에 '참석했다', '왔다'는 뜻이라 할 수 있습니다.

아마 여기 '얼굴의 떡'도 비슷하다고 볼 수 있습니다. '이 떡에 함께 있다, 이 떡과 함께 자리하고 있다'는 의미입니다.

그렇다면 이 얼굴은 누구의 얼굴이겠습니까? 말할 것도 없이 하나님의 얼굴입니다. 그러니 이 '얼굴의 떡'은 '하나님께서 이 떡에 함께 계신다'는 교훈을 담고 있습니다. 영어 성경을 보면 '임재의 떡(The Bread of Presence /NIV, ESV)*으로 번역하고 있습니다.

2) 왜 하필이면 떡에 함께 계실까요?

이 떡이라는 말도 약간은 문제가 있습니다. 떡은 우리에게는 주식(主食)이 아닙니다. 간식입니다. 사실 우리의 떡과도 다릅니다. 그러면 빵이라고 해야 맞겠습니다만, 그것도 우리에게는 간식일 뿐입니다. 어쩌면 우리에게 와 닿는 표현은 '밥'일 것입니다.

그렇다면 '하나님의 얼굴이 나타나는 밥'이 되겠는데, 이게 대체 무슨 뜻일까요? 하나님은 왜 이 빵에 함께 계실까요? 왜 밥에 하나님의 얼굴이 나타날까요?

그 의미를 이해하기 위해서 출애굽기 16장으로 가 봅시다. 여기에 하나님께서 처음 만나를 주시던 일이 기록되어 있습니다.

이스라엘이 애굽을 벗어난 지 한 달이 지났습니다. 애굽을 나설 때 가지고 온 양식이 다 떨어졌나 봅니다. 이들이 모세를 원망합니다.

---

* New International Version, English Standard Version. 예전에는 NIV가, 최근에는 ESV가 개혁주의, 복음주의권에서 널리 인정받고 있습니다. ESV가 좀더 문자적인 번역을 택하고 있는 것으로 평가받고 있습니다.

"우리가 애굽 땅에서 고기 가마 곁에 앉았던 때와 떡을 배불리 먹던 때에 여호와의 손에 죽었더라면 좋았을 것을⋯." 세상에! 이런 기가 차지도 않는 말을 하다니! 애굽이 그립답니다. 노예 시절로 돌아가고 싶다네요. 정말 오랜 노예 생활 끝에 이 이스라엘은 노예 근성이 배어 버린 것일까요?

아무튼 이들이 먹을 것이 없어 투덜대는 모습을 보고 무조건 '믿음이 없어서'라고 몰아 부칠 일은 아닌 듯합니다. 지금 이스라엘이 머문 곳은 광야입니다. 먹을 것이라고는 전혀 생길 수 없는 곳입니다. 선인장이나 알로에 말고는 살 수 없는 사막 비슷한 곳입니다. 가지고 온 양식은 떨어졌습니다. 누군들 불안하지 않겠습니까?

하지만 어디를 둘러봐도 답이 없을 때 답은 항상 위에서 나온다는 사실을 이스라엘은 이미 몇 차례 경험했습니다. 앞은 바다가 가로막고 있고, 뒤에는 독이 오른 애굽 군대가 달려오고 있을 때, 하늘에서 답이 왔습니다. "앞으로 가라. 그리고 홍해를 향해 지팡이를 내밀라." 마침내 상상하기도 힘든 방법으로 그 애굽 군(軍)의 칼날을 피하게 됩니다.

그 후 행군한 지 사흘 만에 광야에서 샘을 찾아냈는데, 안타깝게도 마실 수 없는 물이었습니다(출애굽기 15:22-26). 이때도 하늘에서 답이 내려왔습니다.

오늘 본문, 출애굽기 16장의 사건도 마찬가지였습니다. 양식이 떨어졌습니다. 이때에도 하나님께서 하늘에서 양식을 비같이 내리셨습니다(16:4). 생각해 보십시오. 여기는 광야입니다. 양식은커녕 풀 한 포기도 찾기 힘든 곳에서 어떻게 양식을 구한단 말입니까? 하지만 하나님께는 답이 있습니다. 하나님께서 하늘을 여시고 양식을 비처럼 내리셨습니다. 그것도 모자라지 않도록, 풍성하게 주셨습니다. 그리고 맛은 꿀 섞은 과자 같았답니다. 빵을 굽기에는 최상의 가루였다는 말입니다. 먹을 것을 구할 수 없는 광야에서 거칠고 맛없는 양식이 아니라 최고급 양식을 주셨습니다.

이 상황을 잘 생각해야 합니다. 지금이야 땅이 없어도 잘 먹고 살 수 있습니다. 아니 지금에야 땅에 매달려 농사짓는 사람이 더 가난하지요. 하지만 모세 시대는 다르지 않습니까? 땅이 없으면 양식이 생기지 않던 시대입니다. 그럼에도 불구하고 땅이 없는 이 백성이 척박하기 이를 데 없는 이 광야에서 최상의 양식을 얻었습니다.

이 양식을 주시던 날에 여호와의 영광이 함께 나타났습니다 (16:10). 아침에 이스라엘이 텐트를 치고 있던 주변에 양식이 이슬처럼 땅에 내릴 때에 여호와의 영광이 구름 속에 나타났습니다. 아마 이 구름은 이스라엘을 보호하시기 위해서 하나님께서 준비하셨던 구름 기둥이었던 것 같습니다.

하나님께서 양식을 주시던 그 날에 하나님의 영광이 함께 나타났습니다. 하나님께서 그 자리에 계셨습니다. 얼굴을 내미신 것입니다. 이스라엘 사람들에게 오신 하나님께서 이렇게 말씀하시는 듯합니다. "이 양식 누가 준 것이냐? 잊지 말아라. 이 양식 내가 너희에게 준 것이다."

땅이 없어도 양식이 있게 하시는 하나님! 너희의 모든 것을 책임지시는 하나님! 하나님은 그런 하나님이심을 만나를 처음 주실 때에 영광을 보여주심으로써 가르쳐 주셨습니다.

이 진리를 이스라엘이 늘 잊지 않도록 기억하게 하시기 위해서 성소에 떡상을 만들게 하셨습니다. 그 상에 열두 개의 떡을 올려놓았습니다. 물론 여기서 열둘은 이스라엘을 상징하는 숫자입니다. 그러니 열두 개의 떡은 '모든 이스라엘에게 양식을 주시는 하나님'을 기억하게 하는 장치입니다. '얼굴의 떡'이라는 이 떡을 통해서 하나님께서는 영광 중에서 당신의 백성들의 먹을 것을 비롯한 모든 것을 책임져 주시겠다는 약속을 거듭 확인하고 계십니다.

영원한 언약 (8절)

그런데 이 떡을 하나님께서는 '영원한 언약'이라고 명하셨습니다. 왜 떡이 언약일까요? 영원하다는 건 또 무슨 말입니까?

언약이라는 말의 의미를 우리는 잘 알고 있습니다. 이 말이 하나님과 그 분의 백성들 사이에 쓰일 때는 이런 뜻입니다.

"나는 너희 하나님이 되고 너희는 내 백성이 되리라."

이 언약은 예수님께서 오신 이 후로 이렇게 바뀝니다. 이른바 언약의 신약 버전입니다.

"나는 너희의 아버지가 되고, 너희는 내 자녀가 되리라."

그래서 예수님께서 하나님을 '아버지'라고 불러 기도하라고 하셨습니다.

떡상에 올려놓은 '임재의 떡'을 통해서 하나님께서 이 언약을 확증하십니다. "나는 너희의 하나님이 되어서 너희를 지키고 보호자가 되어 주마."

'보호자'라는 용어 아시죠. 자녀들이 학교에서 가져오는 이런 저런 문서들 아래에는 '학생 아무개 인(印)'이라고 되어 있고 그 아래에 '보호자 아무개 인(印)'이라고 되어 있지 않습니까? 책임은 부모가 져야 한다는 말이겠지요. 하나님께서 이스라엘의 모든 것, 먹는 문제부터 시작되는 모든 것에 보호자가 되어 주신다는 약속을 이 떡을 통해서 늘 하시고 계십니다. 그 약속이 변함이 없을 것이라고, 하나님께서 변심하시지는 않으시겠다고 약속하십니다. 그래서 영원한 언약입니다.

2. 하늘 양식 신명기 8장

이 만나와 '얼굴의 떡'의 의미를 모세가 직접 잘 설명해주고 있습니다. 신명기 8장 3절로 가 봅시다.

> 너를 낮추시며 너로 주리게 하시며 또 너도 알지 못하며 네 열조도 알지 못하던 만나를 네게 먹이신 것은 사람이 떡으로만 사는 것이 아니요 여호와의 입에서 나오는 모든 말씀으로 사는 줄을 너로 알게 하려 하심이니라.

신명기는 모세가 가나안 땅을 눈앞에 두고 한 유언적 설교입니다. 지금까지 땅 없는 광야 생활을 끝내고 하나님께서 주신 땅에 정착해서 살 이스라엘 백성들에게 광야에서 먹은 양식의 의미를 설명합니다. 그러면서 '그 땅'에서 배가 부를 때에도 그 양식 역시 하나님 주신 양식임을 잊지 말라고 가르칩니다. 8:11절 말씀을 봅시다.

> 내가 오늘날 네게 명하는 여호와의 명령과 법도와 규례를 지키지 아니하고 네 하나님 여호와를 잊어버리게 되지 않도록 삼갈찌어다.

여기서 하나님의 명령, 법도, 규례를 잊지 말라고 가르칩니다. 그것은 곧 여호와를 잊는 것이라고 반복합니다. 이 명령, 법도, 규례는 3절에서 말한 여호와의 입에서 나온 말씀입니다.

다시 말하면 '그 땅'에 들어가서 만나가 아닌, 땅에서 나는 양식을 먹으면 그 양식을 주신 하나님을 잊어버리고 그 말씀도 무시할까 두렵다는 경고를 모세가 하고 있습니다. "너희들이 농사 잘 지어서 먹고 살만해지는 줄로 착각하지 마." 그래서 이렇게 경고를 덧붙였습니다. 17절과 18절입니다.

또 두렵건대 네가 마음에 이르기를 내 능과 내 손의 힘으로 내가 이 재물을 얻었다 할까 하노라. 네 하나님 여호와를 기억하라 그가 네게 재물 얻을 능을 주셨음이라

땅도 하나님께서 주신 것이지만, 농사지을 능력도, 그 외의 다른 재주들도 다 하나님께서 주셨음을 이스라엘은 기억해야 합니다.

다시 말하면 하나님께 받는 선물보다는 하나님을 더 사랑해야 한다는 말입니다. 우리는 기도할 때 하나님께 받고 싶은 선물만 잔뜩 늘어놓습니다. 하지만 하나님을 그리워하고 사모하는 모습은 없는 경우가 허다합니다.

예를 들어 봅시다. 사랑하는 딸이 열이 펄펄 납니다. 엄마가 자식을 안고, 혹은 머리에 손을 얹고 기도합니다. 하나님의 영광은 급해서 생각도 나지 않습니다. 그래선 안 되지만 그 다급한 마음을 자식 키워본 사람들은 다 이해합니다. 문제는, 그 기도의 응답으로 딸의 열이 내렸을 때입니다. 그때는 적어도 하나님께 감사하고 영

광을 돌려야 하지 않겠습니까? 약하고, 그리고 악하기까지 한 우리는 쉽게 감사를 빼먹습니다. 선물을 받고 나면 선물 주신 그 하나님을 잊어버리는 습성이 있습니다. 그 하나님의 선물만 기도했던 잘못은 생각조차 하지 못합니다. 이렇게 하나님보다 하나님께서 주시는 선물만 좋아하다보면 결국에는 하나님을 잊어버리기까지 하게 마련입니다. 모세는 지금 이에 대해 경고하고 있습니다.

요약/정리

성전 안에는 떡상이 있고 그 상에는 열 두 개의 떡을 올려놓습니다. 이 떡은 '얼굴의 떡' 혹은 '임재의 떡'입니다. '진설병'이란 용어는 그 의미를 잘 드러내지 못하고 있으므로 피하는 것이 좋겠습니다.

왜 '얼굴의 떡'입니까? 하나님께서 이스라엘에게 양식을 주셨음을 기억하라는 뜻입니다. 음식을 먹을 때마다 양식을 주시는 하나님을 기억하고 우리의 '보호자' 하나님을 기억하라는 뜻입니다. 지금은 성전도 우리에게 없고 그 떡도 보이지 않지만 우리가 매일 먹는 밥이 하나님 주신 양식임을 기억해야 합니다. 그래서 우리는 우리의 '일용할' 양식을 하늘 아버지께 구합니다. 우리는 밥상 앞에 앉을 때마다 우리의 보호자이신 아버지 하나님께 감사해야 합니다.

적용

성전 안에 있는 모든 기구는 다 의미가 있습니다. 오늘 이 '얼굴의 떡'도 이처럼 깊은 의미가 있습니다.

1. 하나님께서는 우리 삶에 필요한 모든 것을 주십니다. 재물

을 얻을 재능도 주셨습니다. 오늘 우리가 먹는 음식도 주님께서 주셨습니다. 그렇다면, 정말 그렇게 고백한다면 오늘 점심 상(床)에서 하나님의 얼굴을 뵈올 수 있기를 바랍니다. 우리를 사랑하셔서 이처럼 먹을 것을 주신 하나님께 감사할 수 있기를 바랍니다.

이것이 성소 안에 있는 떡상과 그 위에 놓여진 '얼굴의 떡'을 두신 하나님의 의도입니다. 먹는 것을 비롯한 모든 것을 하나님께서 책임져 주심을, 우리의 보호자가 되심을 보여주십니다.

2. 여기까지만 안다면 유대인의 수준입니다. 유대인들도 대충 이 정도는 알고 있습니다. 예수님께서는 이 만나에 대해 영적인 해석을 하셨습니다.

> "내가 곧 생명의 떡이니 내게 오는 자는 결코 주리지 아니할 터 이요 나를 믿는 자는 영원히 목마르지 아니하리라.(요한복음 6:35)"

주님은 당신께서 친히 영적인 만나가 되신다고 선언하십니다. 그래서 자신이 곧 생명의 떡이라고 선언하셨습니다. 이 말은 광야에서 이스라엘이 만나 없이는 살 수가 없었던 것처럼 우리가 예수님 없이는 영적인 생명이 유지될 수가 없다는 뜻입니다. 그래서 요한복음 6장 55절에서는 "내 살은 참된 양식이요 내 피는 참된 음료로다."고 선포하셨습니다. 바로 이것이 성찬의 의미입니다.

주님의 죽으심을 우리의 생명으로 삼는 믿음이 있습니까? 웨스트민스터 소교리문답(97문)은 성찬을 합당하게 받기 위해 점검할 사항을 나열하면서 "주를 양식으로 삼는 믿음이 있는지"도 점검하라고 합니다.

이처럼 성전의 모든 의미는 다 그리스도에게로 모아지고 있습니다. 앞으로 이 점을 더 살펴보기로 합시다.

이 땅에 살면서 필요한 양식을 주시는 하나님을 의지하고 삽시다. 거듭 강조하거나 부디 오늘 식탁에서 하나님의 얼굴을 뵈올 수 있기를 바랍니다.

그리고 우리의 영원한 생명의 양식이 되시는 그리스도를 찬양합시다.

본문 깊이 살피기

I. 레위기 24:5-9

1 떡은 몇 개를 준비합니까?_____

_____

 이 숫자의 의미는 무엇입니까?_____

_____

 이 떡의 이름은 무엇입니까? _____ 이 말은
"_____ 께서 이 떡에 함께 계신다."는 뜻을 담고 있습니다.

2 떡은 무슨 날에 진설(陳設)합니까?_____ 그렇다면 이 떡을 진
설하는 자체도 예배 행위의 일부라고 볼 수 있을까요? 그렇다면 어떤 의미
라고 봐야할까요?_____

_____

II. 출애굽기 16장

1 이스라엘 백성에게 닥친 문제가 무엇이었는지를 생각해봅시다.
 이스라엘은 애굽을 벗어나면서 새로운 달력을 갖게 됩니다. 이스라엘이 애굽을 벗
어난 때를 1월로 잡습니다. 그리고 지금 출애굽기 16:1을 보면 _____ 월
입니다. 애굽을 빠져 나온 지 한 달이 되었습니다. 가지고 온 양식이 떨어졌습니다.

2 이 때 양식이 어디에서 나옵니까? _____

　어차피 아래(땅)에서는 양식이 날 수도 없었습니다.

3 이 '하늘 양식'의 품질은 어땠습니까?(31절) _____

　＊하나님께서 행하시는 '표적과 기사'는 언제나 최상품입니다. 예수님께서
　갈릴리 가나에서 물로 포도주를 만드셨을 때, 그 포도주 맛이 어느 정도
　였습니까?(요한복음 2:10)

　＊아람이라는 나라의 장군 나아만이 선지자 엘리사의 명대로 요단강에서
　몸을 씻었을 때 그 피부가 어떻게 되었습니까?(왕하 5:14)

　이 사람의 나이가 4-50대였을 겁니다. 어쩌면 그보다 더 되었을지도 모
　릅니다. 아무튼 나이와 상관없이 나병에 걸렸던 사람의 피부가 어린 아이
　처럼 된다는 것이 가능합니까? 이 표현을 유심히 보신 적이 있으신지요?

　＊두 경우에서처럼 만나 역시 하나님께서 행하신 표적이므로 최상의 것이
　나왔습니다. 밀가루가 있어도 빵맛을 내기 위해 더 넣을 것을 구할 수도
　없는 이 광야에서 주신 최상의 양식이었습니다.

4 이 양식이 하늘에서 내리던 날 _____ 의 영광이 나타났습니다(출
　애굽기 16:7). 왜 하나님께서 그 자리에 얼굴을 내미셨을까요?

5 떡상에 이 '얼굴의 떡'을 열두 개를 진열한 의도는 무엇입니까?

6 왜 하나님께서는 이 떡을 '영원한 언약'이라고 부르셨을까요?

1) 하나님께서 당신의 백성들과 맺으신 언약을 요약하면 '나는 _____ 의
하나님이 되고 너희는 내 _____ 이 되리라'가 됩니다.

2) 그렇다면 떡을 올려놓고 그 떡에서 하나님의 얼굴을 기억하게 하는 떡이
라고 이름 붙인 것이 왜 영원한 언약이 될까요?

7 하나님께서 이스라엘을 광야에서 만나로 먹이신 이유가 무엇입니까?

'사람이 _____ 으로만 사는 것이 아니요 _____ 의 입에서 나오는 모
든 말씀으로 사는 줄을 너로 알게' 하시려고 (신명기 8:3)

"먹는 것보다 더 중요한 건 하나님의 말씀이다." 이 말씀을 믿습니까? 정말 그렇
게 살고 있다고 생각하십니까?

9 우리는 과연 하나님과 그 분의 영광을 먼저 구합니까? 아니면 그 분이 주시
는 선물에만 관심이 있습니까?

＊'너희는 먼저 그 나라와 그 의를 구하라'는 주님의 말씀을 기억하시는
지요? 마태복음 6:33이죠. 이 구절을 우리는 잘 알고 있고, 찬송가사
에도 등장합니다. 하지만 우리의 기도는 이와 거리가 멀지는 않습니
까? 이 구절을 찾아서 적어보고 우리의 기도와 비교해 봅시다. 여러분
의 장래 혹 자녀의 장래를 위한 여러분의 기도가 이 주님의 명령을 순
종하고 있는 것 같습니까?

적용

1 이 '얼굴의 떡'과 그 떡이 놓여 있는 떡상이 성막 안에 있다는 사실에서 무엇을 배워야 합니까?

　　＊그렇다면 식사 기도를 어떻게 해야 할까요? 혹 지금과 달라져야 할 필요가 있지는 않는지요?

　　＊여러분의 감사절은 어떻습니까? 또한 감사헌금은 어떤 마음으로 드립니까? 이 '얼굴의 떡'을 제대로 이해한 감사입니까?

2 우리의 생명의 양식은 ＿＿＿＿＿＿＿＿＿＿＿＿ 이십니다.
성찬식 때면 이 사실을 제대로 고백하십니까?
"예수님의 죽으심이 없으면 나는 살 수가 없었으며, 영원한 죽음만 내가 받을 유일한 상(賞)이었습니다."

웨스트민스터소교리문답 97문답
문: 주의 성찬을 합당하게 받으려면 어떻게 하여야 합니까?
답: 주의 성찬을 합당하게 받으려는 자는 자신을 살피어 주의 몸을 분별하는 지식이 있는지, 주를 양식으로 삼는[*] 믿음이 있는지, 회개와 사랑과 새로운 순종이 있는지를 확인하여야 합니다. 그렇지 않으면 합당치 않게 주의 상에 나아옴으로 자기에게 돌아올 정죄를 먹고 마시게 될까 두렵습니다.

－－－－－－－－－－

＊ 이 동사는 feed입니다. '주를 양식으로 삼는 믿음'이라고 번역하면 좀 부드럽기는 한데, 원래의 의미는 좀 약화된 듯합니다. 성찬을 받는 성도들은 주님을 '먹는' 믿음이 있는지 자신을 살펴보아야 합니다.

찢어진
성전 휘장

마태복음 27:45~54, 레위기 16:11~16

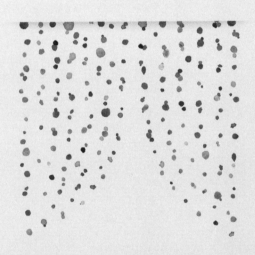

⁴⁵제육시로부터 온 땅에 어둠이 임하여 제구시까지 계속되더니 ⁴⁶제구시쯤에 예수께서 크게 소리 질러 이르시되 엘리 엘리 라마 사박다니 하시니 이는 곧 나의 하나님, 나의 하나님, 어찌하여 나를 버리셨나이까 하는 뜻이라 ⁴⁷거기 섰던 자 중 어떤 이들이 듣고 이르되 이 사람이 엘리야를 부른다 하고 ⁴⁸그 중의 한 사람이 곧 달려가서 해면을 가져다가 신 포도주에 적시어 갈대에 꿰어 마시게 하거늘 ⁴⁹그 남은 사람들이 이르되 가만 두라 엘리야가 와서 그를 구원하나 보자 하더라 ⁵⁰예수께서 다시 크게 소리 지르시고 영혼이 떠나시니라 ⁵¹이에 성소 휘장이 위로부터 아래까지 찢어져 둘이 되고 땅이 진동하며 바위가 터지고 ⁵²무덤들이 열리며 자던 성도의 몸이 많이 일어나되 ⁵³예수의 부활 후에 그들이 무덤에서 나와서 거룩한 성에 들어가 많은 사람에게 보이니라 ⁵⁴백부장과 및 함께 예수를 지키던 자들이 지진과 그 일어난 일들을 보고 심히 두려워하여 이르되 이는 진실로 하나님의 아들이었도다 하더라

¹¹아론은 자기를 위한 속죄제의 수송아지를 드리되 자기와 집안을 위하여 속죄하고 자기를 위한 그 속죄제 수송아지를 잡고 ¹²향로를 가져다가 여호와 앞 제단 위에서 피운 불을 그것에 채우고 또 곱게 간 향기로운 향을 두 손에 채워 가지고 휘장 안에 들어가서 ¹³여호와 앞에서 분향하여 향연으로 증거궤 위 속죄소를 가리게 할지니 그리하면 그가 죽지 아니할 것이며 ¹⁴그는 또 수송아지의 피를 가져다가 손가락으로 속죄소 동쪽에 뿌리고 또 손가락으로 그 피를 속죄소 앞에 일곱 번 뿌릴 것이며 ¹⁵또 백성을 위한 속죄제 염소를 잡아 그 피를 가지고 휘장 안에 들어가서 그 수송아지 피로 행함 같이 그 피로 행하여 속죄소 위와 속죄소 앞에 뿌릴지니 ¹⁶곧 이스라엘 자손의 부정과 그들이 범한 모든 죄로 말미암아 지성소를 위하여 속죄하고 또 그들의 부정한 중에 있는 회막을 위하여 그같이 할 것이요

찢어진 성전 휘장

마태복음 27:45~54, 레위기 16:11~16

성전/성막은 하나님의 집입니다. 그 성전의 핵심은 지성소인데 성전 본 건물 안쪽 방입니다. 그 방에는 시은좌가 있습니다. '은혜 베푸시는 보좌'라는 뜻입니다. 하나님의 보좌이지요.

그 앞쪽 방에는 다섯째 마당에서 살펴 본 떡상, 그리고 중앙에 향단, 왼편에는 등대가 있습니다. 이 방을 거룩한 곳, 성소(聖所)라고 부릅니다.

기억해야 할 중요한 사항이 하나 있습니다. 이스라엘 사람은 누구나 이 성전 마당에 들어갈 수 있습니다. 예수님 시대에는 이스라엘에 다른 나라 사람들도 있었습니다. 그래서 외국인을 위한 뜰이 따로 있었습니다만, 모세 시대에는 그런 것은 없었습니다. 그러니 하나 밖에 없는 성전 마당에는 이스라엘 사람은 누구나 들어갈 수 있었습니다. 이 성전 마당 입구에는 번제단이 있음을 우리는 이미 배웠습니다.

그러나 성전 본채에는 아무나 들어갈 수가 없습니다. 거기에는 제사장들만 출입할 수 있습니다. 거룩한 성전을 함부로 출입하지 못하게 하셨습니다.

특히나 이 시은좌(속죄소)가 있는 지성소, 지극히 거룩한 방에는 이스라엘에 단 한 사람 밖에 없는 대제사장만 들어갈 수 있었습니다. 그것도 일 년에 딱 한번만 들어가게 되어 있습니다.

그런데 이 지성소와 그 앞 방 성소 사이에는 휘장(커튼)이 쳐져 있습니다. 커튼이라고 해서 문이 따로 있고 그 문을 가리는 커튼이 아닙니다. 그냥 커튼, 휘장뿐입니다. 그 휘장을 열어젖히고 아무나 불쑥 들어갈 수는 없습니다. 오늘은 이 커튼/휘장을 살펴보기로 합시다.

강해

두 본문을 살펴보려고 합니다.

1. 속죄제(레위기 16장)
 1)두 번의 피뿌림
 2)향연(香煙)
2. 십자가와 찢어진 성전 휘장(마태복음 27장)

성소와 지성소를 나누는 이 휘장은 흰 베실을 꼬아서 만들었습니다. 그리고 그 위에 청색, 자색, 홍색실로 그룹을 수놓았습니다.

이 그룹들은 천사들인데 말하자면 하나님의 '경호원' 천사들입니다. 이미 여러 차례 살펴본 바와 같이 하나님의 보좌(시은좌) 좌우에 천사가 날개를 펴고 있습니다. 그리고 그 맞은 편, 다시 말해서 지성소와 성소 사이의 휘장에도 천사가 형형색색으로 수놓여 있습니다. 그러니 하나님은 천사들의 호위를 받고 계신 형태입니다.

그런데 이 지성소에는 아무나 들어갈 수 없습니다. 싱소에서 지성소로 들어오려면 이 휘장을 젖히고 들어와야 하는데 아무나 불쑥 들어올 수가 없습니다. 이곳은 대제사장만 들어올 수 있습니다. 대제사장은 이스라엘에 단 한 사람뿐입니다.

그 대제사장도 일 년에 한 번만 들어갑니다. 바로 속죄일입니다. 레위기 16장에 하나님께서 정해주신 속죄일 규정이 있습니다.

I. 속죄일

속죄일은 말 그대로 이스라엘 백성이 하나님께 죄 용서를 청하는 날입니다. 이 날에는 속죄의 제사를 여러 번 드립니다.

1. 두 번의 피뿌림

1) 먼저 대제사장은 자신과 아내, 가족을 위해서 수송아지를 잡습니다. 잡아서 그 피를 들고 들어가서 손가락으로 찍어서 속죄소/시은좌 동편에 뿌립니다. 그리고 속죄소에도 일곱 번 뿌립니다.

속죄소 동편이면 어딥니까? 성전은 동쪽을 향하고 있습니다. 그러면 속죄소 동편이면 어디입니까? 바로 지성소와 성소를 가르는 휘장입니다. 이 휘장은 흰 천에 색실로 천사를 수놓아 만들었습니다. 그러니 속죄소 동편에 피를 뿌리면 이 흰 천에 피가 뿌려집니다.

2) 그리고 다음엔 이스라엘 모든 백성을 위해서 염소를 잡아서 같은 방법으로 피를 속죄소 안에 뿌립니다.

백성을 위한 속죄의 피를 뿌리러 들어가기 전에 먼저 대제사장 자신을 위해서 속죄의 피를 뿌려야 합니다. 대제사장도 죄인이기 때문입니다. 죄인은 속죄함 받지 않고 여호와 앞으로 나아갈 수가 없음을 보여줍니다.

2. 향연(香煙)

죄인이 하나님 앞에 나아가는 일이 얼마나 힘든 일인지를 보여주는 예식이 하나 더 있습니다. 레위기 16장을 보면 대제사장이 지성소에 들어가기 전에 그 지성소로 들어가는 휘장 바로 앞에 있는 향단의 불을 향로에 담아 향을 피워야 했습니다. 그 향연(香煙)으로 증거궤/언약궤 위에 있는 속죄소/시은좌를 가리기 위해서였습니다. 다시 말하면 하나님의 얼굴을 보지 못하게 함이 향을 피우는 목적입니다. 시은좌 위에는 실제로 아무도 없습니다. 그러나 이 시은좌는 하나님의 보좌입니다. 그러니 거기 계시는 하나님의 얼굴을 보지 못하게 하기 위해서 향연기를 피우는 것입니다.

실제로 시은좌를 바로 보는 사람은 거의 없습니다. 시은좌가 있는 방은 대제사장만 들어갑니다. 그런데 대제사장이 들어가는 날에도 이처럼 향을 피워서 그 시은좌를 가려야 했습니다. 대제사장마저도 향을 피우지 않아서 그 속죄소를 보는 날에는 죽음을 면할 수 없었습니다(레위기 16:13).

이처럼 하나님의 얼굴을 뵈옵는 일, 하나님 앞에 서는 일이 죄인들에게는 무서운 일입니다. 사실 구약 역사를 살펴보면 실제로 하나님을 뵈었던 분이 몇 있습니다. 성전에서 천사들의 찬양 속에 계시던 하나님을 뵈었던 이사야, 사람의 모습으로 이 땅에 오셨던 하나님(아마도 구약시대에도 사람들에게 나타나는 일을 하신 성자(聖子)이시겠지요)을 뵈었던 삼손의 아버지 마노아. 이런 분들이 하나님을 뵙고 나서 얼마나 떨었는지를 보면 하나님을 뵙는 일이 정말 두려운 일임을 알 수 있습니다.

시편을 읽어 보면 죄인들이 하나님을 얼마나 두려워해야 하는지를 잘 보여줍니다. 그럼에도 불구하고 죄인들이 오히려 하나님께로 나아가야 한다고 가르쳐 줍니다. 우리의 기도는 하나님 앞에 서는 행위입니다. 우리가 기도할 때 함부로 하지 않아야 함(전 5:2)을 이 속죄일 규정을 통해서 다시 배워야 합니다.

아무튼 우리가 이 속죄일 규정을 보면서 기억하고 넘어가야 할 점은 지성소, 하나님의 시은좌가 있는 그 방으로 들어가는 이 휘장은 아무나, 함부로 열 수 없다는 점입니다. 하나님 앞에 함부로 나아가는 자는 죽음을 면할 수가 없습니다.

II. 십자가와 찢어진 휘장

그런데 이 휘장이 느닷없이 찢어져 버린 일이 있습니다. 성전이 무너지는 날도 아니었고 불타 없어지지도 않았는데, 어느 날 갑자기 찢어졌습니다. 바로 우리 주님께서 십자가에서 운명하시던 순간이었습니다.

마태복음 27:45을 보면 예수님께서 십자가에 달리시던 날 제6시에 온 땅에 어둠이 덮쳤습니다. 세 시간이나 계속 되었습니다. 이 시대의 제6시는 지금의 정오입니다. 가장 밝을 시간에 흑암이 덮쳤습니다. 이 자체가 하나님의 심판이며, 진노의 표현이었습니다. 그리고 그 흑암이 끝나는 순간에 예수님께서 소리 지르셨습니다. "나의 하나님, 나의 하나님, 어찌하여 나를 버리시나이까?" 그리고 잠시 후에 숨을 거두셨습니다.

마태복음 27:51을 봅시다. 여기서 보면 '이에 성소 휘장이…' 이렇게 되어 있습니다. 하지만 원문을 보면 여기에 '보라!'라는 감탄사로 시작합니다.

"보라! 성소의 휘장이 찢어졌도다!"

성소의 휘장이 찢어진 이 일에 독자들이 주목하고 보라고 사도 마태는 감탄사를 넣었습니다. 행여라도 독자들이 졸다가, 딴 생각하다가 예사로이 지나칠까봐 감탄사를 통해서 강조하고 있습니다. "놀랍지 않은가! 우리 주께서 운명하시는 순간에 성소의 휘장이 찢어졌으니."

그렇다면 분명 이 휘장이 찢어진 일과 우리 주님께서 십자가에서 돌아가신 일은 관계가 있습니다. 예수님께서 십자가 위에서 숨을 거두시는 순간 왜 성전 휘장이 찢어졌을까요? 물론 이 순간에 지진이 일어나서 그렇게 되었습니다. 그렇다면 왜 지진이 일어났을까요? 바로 그 순간에 말입니다. 이 사건이 바로 예수님의 죽으심의 의미를 말해주고 있습니다.

성소의 휘장은 하나님의 보좌 앞에 아무나 함부로 들어가지 못하게 하는 일종의 장벽입니다. 이 장벽이 예수님께서 십자가에서 살 찢고 피 흘리시고 운명하시는 순간에 무너집니다. 그것도 위에서부터 아래까지 완전히 찢어져 두 조각이 되어버립니다. 이 휘장이 갈라져 버렸다는 것이 무엇을 의미할까요?

1. 구약 시대에는 대제사장이 염소의 피를 들고 들어가서 시
은좌 주위에 뿌렸습니다. 그 피로 하나님께 속죄를 청했습니다.

> "정작 죄 때문에 죽어야 할 이스라엘 대신 이 짐승이 피를 흘
> 렸습니다. 그러니 이제 이스라엘의 죄를 사하여 주십시오."

이런 정신입니다. 하지만 예수님은 자신의 피를 하나님 앞에 뿌려
우리의 죄를 대신하셨습니다. 주님 자신의 피를 가지고 하나님의
보좌 앞으로 들어가셨음을 보이시기 위해서 이 휘장을 찢어 놓으
셨습니다. 그러니 우리를 위한 속죄의 제사를 제대로 드리셨음을
보여주십니다. 그것도 가장 완전하고 확실한 속죄를 이루셨습니
다. 이제 다시 이 속죄의 제사가 반복될 필요가 없습니다. 이 점을
히브리서는 잘 설명해주고 있습니다.

> 그리스도께서 장래 좋은 일의 대제사장으로 오사 손으로 짓지 아
> 니한 곧 이 창조에 속하지 아니한 더 크고 온전한 장막으로 말미암
> 아 염소와 송아지의 피로 아니하고 오직 자기 피로 영원한 속죄를
> 이루사 단번에 성소에 들어 가셨느니라 염소와 황소의 피와 및 암
> 송아지의 재로 부정한 자에게 뿌려 그 육체를 정결케 하여 거룩케
> 하거든 하물며 영원하신 성령으로 말미암아 흠 없는 자기를 하나
> 님께 드린 그리스도의 피가 어찌 너희 양심으로 죽은 행실에서 깨
> 끗하게 하고 살아계신 하나님을 섬기게 못하겠느뇨(히브리서 9:11-14)

예수님은 우리의 대제사장이십니다. 영원한 대제사장이십니다. 동

시에 그 분은 우리를 위한 속죄의 제물입니다. 대제사장이신 주님께서는 당신의 피를 들고 친히 하늘 성전에 들어가셨습니다.

2. 이에 따라 당연하게 나올 수 있는 결론입니다. 우리는 이제 담대히 하나님 앞에 나아갈 수가 있게 되었습니다. 다시 이 제사를 반복할 필요도 없습니다. 대제사장이 다시 있어야 할 이유도 없습니다. 그러니 당연히 성전도 더 이상 필요하지 않습니다. 다시 히브리서의 설명을 봅시다. 9:24-25입니다.

> 그리스도께서는 참 것의 그림자인 손으로 만든 성소에 들어가지 아니하시고 오직 참 하늘에 들어가사 이제 우리를 위하여 하나님 앞에 나타나시고 대제사장이 해마다 다른 것의 피로써 성소에 들어가는 것 같이 자주 자기를 드리려고 아니하실찌니

결국 이 땅 위에 세워진 성전은 하늘 성전의 모델 하우스일 뿐입니다. 이제 예수님은 하늘 성소에 들어가셔서 하나님 앞에, 즉 하나님의 시은좌 앞에 서셨습니다. 이제 더 이상 땅 위에서 하나님의 백성은 속죄를 위해서 제사를 드릴 필요가 없습니다.

다른 지역에서 목회할 때였습니다. 지역의 교회들이 연합으로 중고등부 수련회를 실시했습니다. 제가 맡은 특강 시간에 이런 질문을 해 본 일이 있습니다.

"왜 우리는 하나님께서 모세를 통해서 명령하신 대로 제사를

지내지 않을까요?"

놀랍게도 수십 명의 학생이 단 한 사람도 대답하지 못했습니다. 흥미를 유발시키느라고 이런 말도 덧붙여 봤습니다.

1) 고기가 모자라서? 2) 고기 태우는 연기가 옷에 밸까봐 반응이 없기는 마찬가지였습니다. 보통 심각한 문제가 아닙니다. 이 문제를 답을 못하면 어떻게 하자는 말인지….

이 자리에서 해 봅시다. 왜 우리는 하나님께서 모세를 통해서 명하신 대로 송아지와 염소를 잡아서 피를 뿌리고 고기를 불태워서 드리는 제사를 하지 않습니까?

그것은 바로 예수님의 대속의 죽음이 있기 때문입니다. 더 이상 염소와 송아지의 피가 필요가 없습니다. 그리스도께서 당신의 피를 들고 하늘 성소에 들어가셨기 때문입니다. 이 땅 위에서 제사가 되풀이 되어야 할 필요가 없기 때문입니다.

이 점을 확실히 보여주기 위해서 성소의 휘장을 찢어 버리셨습니다. 누가요? 제가 '방금 찢어졌다'고 말하지 않고 '찢어 버렸다'고 표현했습니다. 그러면 누가 찢었다는 말일까요? 바로 하나님이십니다.

그러니 이제는 하나님의 보좌 앞으로, 그 은혜를 베푸시는 시은좌 앞으로 아무나 나아갈 수 있습니다. 담대히 나아갈 수 있습니다. 우리가 기도할 때도 이 같은 마음으로 하나님의 시은좌 앞으로 감히 나아가야 합니다. 우리는 비록 부끄러운 존재이지만 기도할 때마다 이런 담대함을 가져야 합니다.

물론 기도할 때 조심 없이 하나님을 두려워하지도 않고 함부로 입을 열고 기도하는 것도 잘못입니다. 우리는 하늘의 하나님을 두려워하면서 그 보좌 앞으로 나아가야 합니다.

그럼에도 불구하고 우리는 담대함을 가지고 하나님의 보좌 앞에 서야합니다. 왜냐하면 그 보좌 곁에는 우리를 위해 간구하시는 예수님이 계시기 때문입니다. 그래서 우리는 기도를 마칠 때 '예수님의 이름으로 기도합니다'로 마무리 합니다. 이는 괜한 수사가 아님을 잊지 말아야 합니다. 예수님 '빽'이 없으면 우리는 기도를 시작할 수도 없습니다.

흐름을 한 번 정리해 봅시다. 하나님은 죄인들과 함께 계실 수 없습니다. 심한 알레르기가 생깁니다. 그럼에도 불구하고 하나님께서 당신의 백성들과 함께 계시고 싶어 하십니다. 그렇지 않으면 몸살이 나시는 하나님입니다.

그래서 성막/성전을 짓게 하시고 그 가운데 와 계십니다. 하지만 죄인인 인간은 그 하나님께 함부로 나아갈 수 없습니다. 그래서 입구에 번제단을 두시고 죄를 청산하라고 명하셨습니다.

하나님께서 좌정하신 보좌로 나아오는 마지막 장벽으로는 휘장이었습니다. 그러나 예수님께서 피 흘리시고 숨을 거두신 순간 이 장벽마저 찢어지고 무너졌습니다. 이제 그리스도께서 친히 피로 속죄의 제사를 완성하셨기 때문입니다. 하나님께 나아가는데 장벽이 이젠 없습니다. 더 이상 필요하지 않습니다.

그렇다면 이제 더 이상 성전 자체도 필요 없는 것 아닐까요? 성전이 상징하는 바는 두 가지입니다. 인간은 하나님께 다가갈 수 없다는 사실과 그래도 하나님께 나아가야 한다는 사실입니다. 그러나 이 두 가지 중에서 하나님께 쉽게 다가갈 수 없다는 사실이 그리스도의 죽으심으로 제거되었습니다. 그러니 이제 더 이상 휘장만 필요 없는 것이 아니라 성전 자체도 필요 없게 되었습니다.

그래서 결국 이 성전은 십자가 사건 이후 40년이 지난 후에 붕괴됩니다. 그리고 다시 세워지지 않았습니다.

적용/기도

1. 우리를 하나님께서 나아가게 하시는 그리스도의 희생을 감사합시다. 그 분의 보혈을 지나 우리는 하나님의 품으로 나아갈 수가 있게 되었습니다.

2. 기도할 때마다 더 담대히 나아갑시다. 예배 때마다 그리스도의 피를 앞세우면서 담대히 나아갑시다. 시은좌에서 흘러나올 은혜를 사모하면서 설레는 마음으로 하나님 앞에 섭시다.

오늘 정말 설레는 마음으로 이 자리에 왔습니까? 아니면 그냥 그저 무덤덤한 마음으로 왔습니까? 하나님의 보좌 앞에 서서 그 분을 찬양하고, 그 분 앞에 앉아 기도할 이 영광을 예수님 덕에 누리게 된 것을 즐거워하면서 나오셨습니까?

우리의 기도는 어떻습니까? 이 땅 위에는 더 이상 성전도 없고 휘장에 가려진 시은좌도 없습니다. 그러나 예수 그리스도의 피의 제사를 믿는 하나님의 자녀가 눈을 감고 하나님의 거룩하신 이름을 부르며 기도를 시작하면 바로 그 앞에 하나님의 시은좌가 펼쳐집니다. 우리에게 은혜를 베푸시는 보좌가 말입니다. 그 시은좌를 향해 담대히 기도합시다. 은혜가 강처럼 흘러내릴 것입니다.

I. 레위기 16장

1 속죄제의 규정을 살펴봅시다. 왜 대제사장 아론은 백성의 죄를 위한 속죄제를 드리기 전에 자기와 가족을 위한 속죄제를 드려야 했습니까?

 우리의 대제사장은 어떻습니까? 그 분도 자신을 위한 제사를 따로 드려야 했을까요?(히브리서 7:26-27) 그 분은 누구이십니까?

2 속죄제를 드릴 때, 피를 성전(성막) 여러 곳에 뿌려야 합니다. 왜 그렇게 하게 하셨을까요?

3 대제사장이 지성소에 들어갈 때는 향로에 향을 피워서 '여호와 앞', 곧 시은좌 앞에 들어가야 했습니다. 왜 그렇게 하라고 하셨습니까?

 이 사실이 우리에게 무엇을 가르쳐 주고 있습니까? 특히 기도할 때 이 점에 대해서 우리는 무슨 생각을 해야 합니까?(전도서 5:2)

II. 마태복음 27:40~54

4 예수님께서 십자가에 달리신 날 성전의 휘장이 찢어졌습니다. 사도 마태는 이 일이 우연도 아닐뿐더러 중요하다는 사실을 독자들에게 강조하기 위해서 감탄사를 넣었습니다.

 _____ ! 성소 휘장이 위로부터 아래까지 찢어져 둘이 되고 땅이 진동하며 바위가 터지고 ….

성전 휘장은 왜 찢어졌을까요? 아니 왜 찢으셨을까요? 그 일의 의미가 무엇입니까?

5 성전의 휘장이 찢어질 때 함께 일어났던 현상으로는 무엇이 있습니까?

   그러한 현상들이 무엇을 의미합니까?(요엘3:14-16)

   여호와의 날은 최후 심판의 날입니다. 그런데 '십자가의 날'에 여호와의 날에 일어날 그 일이 일어났다고 마태는 증언하고 있습니다. 그렇다면 '십자가는 최후 심판의 선취(先就)'라고 말할 수 있습니다. 그리스도께서 하나님께 심판을 받으셨습니다. 그러기에 그리스도인들은 "심판이 나에겐 없네"라고 노래할 수 있습니다.

6 구약에 나오는 피의 제사, 짐승을 불태워 드리는 제사는 왜 더 이상 우리에게 필요하지 않습니까? 왜 그럴까요?

7 성전 휘장이 찢어진 일은 더 깊은 의미가 있습니다. 하나님께서 이제 _____ 자체마저도 필요 없음을 선언하신 셈입니다. 그런 일은 언제 일어났습니까?

참 성전,
영원한 성전

요한복음 2:13~22

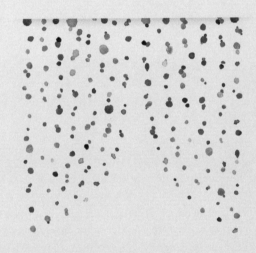

요한복음 2:13~22

[13]유대인의 유월절이 가까운지라 예수께서 예루살렘으로 올라 가셨더니 [14]성전 안에서 소와 양과 비둘기 파는 사람들과 돈 바꾸는 사람들이 앉아 있는 것을 보시고 [15]노끈으로 채찍을 만드사 양이나 소를 다 성전에서 내쫓으시고 돈 바꾸는 사람들의 돈을 쏟으시며 상을 엎으시고 [16]비둘기 파는 사람들에게 이르시되 이것을 여기서 가져가라 내 아버지의 집으로 장사하는 집을 만들지 말라 하시니 [17]제자들이 성경 말씀에 주의 전을 사모하는 열심이 나를 삼키리라 한 것을 기억하더라 [18]이에 유대인들이 대답하여 예수께 말하기를 네가 이런 일을 행하니 무슨 표적을 우리에게 보이겠느냐 [19]예수께서 대답하여 이르시되 너희가 이 성전을 헐라 내가 사흘 동안에 일으키리라 [20]유대인들이 이르되 이 성전은 사십육 년 동안에 지었거늘 네가 삼 일 동안에 일으키겠느냐 하더라 [21]그러나 예수는 성전된 자기 육체를 가리켜 말씀하신 것이라 [22]죽은 자 가운데서 살아나신 후에야 제자들이 이 말씀하신 것을 기억하고 성경과 예수께서 하신 말씀을 믿었더라

참 성전, 영원한 성전

요한복음 2:13~22

　　사람들이 생각하는 하나님과 하나님 당신께서 보여주시는 하나님의 모습 사이에는 괴리가 있을 수 있습니다. 예를 들면 초등부 예배 시간에 교사들이 하는 기도를 들어보면 하나님께, 정확히 말하면 하나님 아버지께 기도하기 보다는 예수님께 기도하는 경우가 많습니다. 왜 어린이들이 기도할 때 예수님께 기도하도록 가르치고 유도하고 있을까요? 삼위일체 하나님에 대한 정확한 이해가 있어서 예수님도 우리의 경배와 기도의 대상임을 정확히 알아서(웨스트민스터 소교리문답 6문답) 그렇게 했다면 칭찬할만한 일입니다. 하지만, 선생님들의 머릿속에 있는 하나님의 모습이 어린이들의 기도를 들어주시는 다정다감함과는 너무 거리가 멀어서는 아닐까요? 예수님은 어린이들의 친구 같고, 무섭지 않고 자상하신 분이시고, 반면에 하나님은 너무 높고 위엄 있어서 다가가기에는 겁이 납니다. 그러니 어린이들이 만나기에는 하나님 아버지보다는 예수님이 더 편하게 느껴집니다.

'그게 뭐가 어때서?' 그럴 수도 있다고 넘어갈만한 문제일까요? 하나님과 예수님의 성품이 다릅니까? 그렇다면 삼위'일체'가 불가능하지 않을까요?

오늘 본문에 등장하는 예수님의 모습은 어떻습니까? 예수님께서 노끈으로 채찍을 꼬아 만드시고는 성전 마당에 있는 짐승들을 때려서 쫓아내셨습니다. 성전에 바치는 헌금은 반드시 이스라엘 동전으로 하게 되어 있었는데 외국에서 온 사람들을 상대로 동전을 바꿔주는 사람들이 있었습니다. 이들이 상을 펴놓고서 돈을 바꿔주는데, 예수님께서 그 상을 발로 차서 둘러 엎으셨습니다. 자, 예수님이 과연 편하고 부드럽기만 하신 분이신가요? 어린이들의 다정한 친구로서 문제가 있어 보이지는 않습니까? 혹 우리가 생각하는 예수님과 예수님께서 보여주신 모습 사이에 괴리가 없습니까?

복습

이 문제를 잠시 접어두고 몇 번에 걸쳐서 살펴본 성전의 의미를 되짚어 봅시다.

성전/성막의 핵심은 '하나님의 임재'입니다. 하나님께서는 당신의 백성들 틈에 와 계시고 싶어 하십니다. 그래서 성막을 짓게 하시고 그 안에 와 앉아계십니다. 하나님께서 앉아 계신 보좌를 시은좌(施恩座)라 부릅니다.

하지만 하나님께서 사람들에게 와 계시니까 문제가 생깁니다. 인간이 하나님 앞에 나아가기가 여전히 어렵다는 사실을 이 성전은 보여줍니다. 하나님과 사람 사이에 치명적인 알레르기가 있기 때문입니다. 인간은 하나님 앞에 설 수가 없습니다. 인간이 하나님 앞에 서기 위해서는 죄사함을 받아야 합니다. 그래서 이 성전/성막의 입구에는 번제단이 있습니다. 이 번제단에서 피를 흘리는 제사를 지내고서야 하나님 앞에 나아갈 수 있음을 이 번제단은 보여 줍니다. 또한 성전의 지성소와 성소를 가르는 휘장이 있습니다. 이는 인간이 하나님 앞에 나아가는 데는 장벽이 있음을 가르쳐 주십니다. 그리고 그 휘장을 지나 시은좌가 있는 지성소에 들어갈 때는 언제나 염소와 송아지의 피를 들고 들어가야 했습니다.

그러나 이제는 그리스도께서 흘리신 피 때문에 하나님께 담대히 나아갈 수 있게 되었습니다. 번제단에서의 피 흘림, 지성소에 피 뿌림이 모두 그리스도에게서 완성되었습니다.

강해
1. 예수님의 난동
2. 시대적 배경
3. 주님의 분노의 의미
4. 분노를 넘어

1. 예수님의 난동
다시 요한복음으로 돌아가 봅시다.

성경이 오늘날처럼 다 편집되어 하나로 묶어져 있지 않던 시절을 생각해 봅시다(5세기에 가서야 완전하게 편집이 되어 한 권의 성경이 되었습니다). 교회들 중에는 딸랑 요한복음 한 권만 가진 교회가 있었습니다. 그나마 교인들마다 다 가지지 못하고 온 교회에 요한복음 한 권 뿐입니다. 마태복음은 본 적도 없습니다. 온 교회가 모여서 요한복음을 한 사람이 읽고 다른 사람들은 귀 기울여서 듣습니다. 요한복음 1장에서부터 읽어 나갑니다. 2장에 이릅니다. 예수님이 갑자기 난동부리는 모습이 보입니다. 때리고 발로 차고, 아주 가관입니다. 자, 과연 어떤 느낌이 들었을까요?

제가 이 본문을 처음 제대로 연구할 때 참조했던 책은 예수님이 그렇게 심하게 폭력적이지 않았음을 증명하는데 초점을 맞추고 있었습니다. 15절 ('노끈으로 채찍을 만드사 양이나 소를 다 성전에서 내어 쫓으시고')을 근거로 제시하면서 그 책은 이렇게 말하고 있었습니다. "봐라. 예수님이 채찍을 휘둘렀지만 사람을 때리지는 않으셨잖아." 맞습니까? 맞는 듯합니다. 분명 예수님이 채찍을 사람에게 휘두르셨다는 말은 없습니다. 하지만 생각을 해봅시다. 짐승을 파는 사람들이 짐승들을 가두어 놓았을 겁니다. 그 울타리 문을 열어버리고는 채찍을 휘둘러 짐승들을 다 쫓아내셨습니다. 상인들이 가만히 있었을까요? 자기 소들을 다 도망가게 만드는데 가만히 있을 리가 없지 않습니까? 말렸을 겁니다. 그러다 보니 예수님이 휘두르시는 채찍에 맞기도 하고 몸싸움도 벌어졌을 겁니다.

앞서 말한 환전상들이 상을 펴고 동전을 쌓아놓고 있었습니다. 예수님께서 이 상을 발로 차서 엎어버렸습니다. 우리가 생각하는 온유하고 겸손하신 모습과는 너무 거리가 먼 모습입니다. 이 대목에서 예수님께서는 폭력적이지 않다는 점을 길게 설명하고 있을 여유가 없습니다. 대체 예수님께서 이처럼 이해하기 힘들 정도로 분노하신 까닭이 무엇인지를 먼저 짚어보아야 합니다. 어떤 거룩한 분노가 치밀어 올랐길래 주님은 이처럼 난동을 부리셨을까요?

이 점을 이해하기 위해서 상상력을 동원해 볼 필요가 있을 듯합니다. 상인들은 예수님을 밀리려 들었을 겁니다. 그런데 왜 예수님을 완전히 제지하지 못했을까요? 왜 말리기가 힘들었을까요? 또 성전을 관리하고 질서를 유지하는 직원들은 뭐했을까요? 예수님을 체포하러 왔던 겟세마네 동산으로 왔던 군인들이 로마 군병들이었습니까, 아니면 대제사장의 사병(私兵)이었습니까? 사병들이었습니다. 그렇다면 대제사장이 최고책임자인 이 성전에 직원이 없었다 해도 대제사장의 사병들은 있었을 것 아닙니까? 이들은 왜 예수님을 제지하지 못했을까요?

생각해보아야 할 세 번째 부류의 사람들이 있습니다. 그 성전 마당에 있던 유대 군중들입니다. 유월절에는 이스라엘의 모든 남자들이 이 성전에 다 올라옵니다. 외국에 나가 살던 유대인들도 이 거룩한 명절을 지키기 위해서 다 예루살렘으로 옵니다. 그런데 이 많은 사람들은 예수님의 난동을 왜 지켜보고만 있었을까요? 힘 있는 남자들이 없어서였을까요?

2. 시대적 배경

성전을 둘러싼 당시의 정황을 보면 쉽게 이해가 됩니다.

당시 예루살렘 성전에는 원래 있던 마당에다가 '이방인의 뜰'이라는 광장 하나가 더 붙어 있었습니다. 이방인들은 이 마당까지만 들어 올 수 있었습니다. 바로 이 마당에서 일이 벌어졌습니다. 당시에는 외국에 나가서 사는 이스라엘 사람들이 많았습니다. 이들이 몇날 며칠씩 걸려서 배타고 나귀타고 거룩한 명절을 지키기 위해서 예루살렘에 들어옵니다. 이들이 성전에 와서 제사를 드립니다. 헌데 제물로 쓸 짐승을 멀리서 끌고 올 수 없으니까 고국에

와서 짐승을 사서 끌고 들어옵니다. 제물을 성전에 끌고 들어오면 대제사장의 아들인 제사장들이 검사를 합니다. 하나님께 바치기에 적절한지 아닌지를 검사합니다. 그런데 문제는 밖에서 사서 끌고 오는 짐승들은 무조건 불합격 판정을 받았습니다. 사람들이 보기에 문제가 없어보여도 무조건 불합격입니다. "그러면 어떻게 해야 합니까?" 물어보면 성전 마당에서 짐승을 사라고 합니다. "그 짐승들은 우리가 미리 다 검사를 해서 합격 받은 짐승들이야." 문제는 가격입니다. 역사 기록에 따르면 그 가격이 무려 스무 배가 되는 경우도 있었다고 합니다. 10만원이면 살 수 있는 염소 새끼를 200만원에 사야 합니다. 이건 좀 심했다 하더라도 세 배를 주고 사야 한다 해도 30만원입니다. 이 정도라 해도 칼도 안 든 강도라고 볼 수밖에 없겠지요. 제사를 안 드릴 수는 없습니다. 제사 안 드리려면 예루살렘까지 굳이 올 필요도 없었겠지요. 그러니 억울해도 살 수 밖에 없습니다. 제사장들이 하나님을 빙자해서 강도짓을 하는 셈입니다.

환전상도 마찬가지였습니다. 하나님의 집에 바치는 헌금은 오직 이스라엘 화폐여야 한다는 법을 만들어 놓았습니다. 그러면서 환전상들을 성전 마당에 불러들였습니다. 물론 이 때 환전할 때도 엄청난 폭리를 취했습니다.

그래서 예수님께서 '내 아버지의 집을 강도의 소굴로 만들지 말라'고 하셨습니다. 이 말은 다른 세 복음서에 기록되어 있습니다.

3. 주님의 분노의 의미
자, 이런 배경을 염두에 두고 다시 상황을 생각해 봅시다. 어떤 젊은 청년이 채찍을 만들어서 휘둘러서 그 소와 짐승을 다 쫓아냈습니다. 동전 비꾸는 환전상들도 쫓아내고 둘러엎었습니다. 성전관리 지원들은 왜 가만히 있었을까요? 뭣보다 그 장사꾼들은 왜 막지 못했을까요?

아, 혹시 열두 제자들이 거들었기 때문이었을까요? 전혀 아닙니다. 열 두 명이 거든다고 해도 대제사장들의 사병들이나 주변 사람들 다 달려들었다면 열 세 사람 모두가 몰매를 맞았을 겁니다. 뿐만 아니라 이 제자들도 예수님의 '난동'을 이해하지 못하고 있었습니다. 22절 말씀을 볼까요?

> 죽은 자 가운데서 살아나신 후에야 제자들이 이 말씀하신 것을 기억하고 성경과 및 예수의 하신 말씀을 믿었더라.

그러니까 지금은 예수님께서 왜 이 난리를 피우시는지 제자들은 몰랐습니다. 그러니 예수님 혼자서 하신 일이었습니다. 그렇다면 청년 하나를 많은 사람들은 왜 못 말렸을까요? 그건 바로 유대 군중들은 예수님 하시는 일에 박수를 보내고 있었기 때문입니다. 누군가가 좀 해결해줬으면 싶었는데, 용감한 청년 하나가 박살을 내주니까 속이 시원했던 겁니다. 그러니 빙 둘러 서서는 환호하고 있었던 겁니다. 적어도 은근히 지원하는 듯한 분위기였을 겁니다.

이 거룩한 분노의 의미

그렇다면 예수님께서 이처럼 화가 나서 하신 일들은 어떤 의미가 있습니까? 주님은 이 일을 통해서 바로 성전 제사가 잘못 되어가고 있음을 지적하셨습니다. 하나님의 이름을 팔아서 하는 강도

짓을 하나님께서 좌시(坐視)하지 않으시겠다는 선언입니다. 그냥 앉아서 보고만 있지 않으실 것을 보여주는 예언적인 행동이었습니다.

앞서 말씀드린 대로 군중들이 이 예수님의 행동에 박수를 보냈을 것이라고 짐작할 수 있게 하는 구절은 바로 18절입니다.

> 이에 유대인들이 대답하여 예수께 말하기를 네가 이런 일을 행하니 무슨 표적을 우리에게 보이겠느뇨?

군중들이 예수님 주변에 우르르 몰려들어서는 예수님께서 하신 일에 대해 마음으로, 혹은 대놓고 박수를 보냈습니다. 그리고는 물었습니다. "당신이 이런 일을 행하는데, 그러면 무슨 표적(기적)을 우리에게 보이겠습니까?" 이해가 잘 안되시죠? 이유가 있습니다.

이 시대의 유대인들은 메시아를 기다리고 있었습니다. 메시아, 곧 그리스도께서 와서 이스라엘을 이방인의 압제에서 건져내고 세계 최강의 나라로 만들고 부강한 나라가 되게 하리라는 기대를 다 가지고 있었습니다. 물론 유대인들이 바라던 메시아와 예수님이 보여주신 메시아 상(像)은 달랐습니다.

유대인들은 생각했습니다. "그 메시아가 오면 성전 제사부터 바로 잡을 것이며 하나님께서 제정하신 모든 제도와 율법을 회복시키실 것이고, 그래서 과거 이스라엘 역사의 황금기였던 다윗—솔로몬 시대를 다시 열 것이다."

그런데 이 메시아가 오면 기적을 행할 것이라고 믿었습니다. 모세가 만나를 내려서 이스라엘을 먹여 살린 것처럼 메시아도 그에 버금가는 기적을 행하리라고 생각했습니다. 그런데 예수님께서 성전 제사의 잘못 된 것을 확 뜯어 고치시니까 유대인들이 몰려들어서 주님께 묻습니다. "당신이 메시이입니까? 그리스도십니까? 그러면 확실한 표적을 보여주십시오. 증거를 보여주십시오. 오늘 하신 일 보니까 우리가 속이 다 시원합니다. 이 참에 저 대제사장들 본때를 보여주십시오."

이 대제사장들은 안타깝게도 하나님께서 대제사장으로 처음 세우셨던 아론의 후손들이 아니었습니다. 이들은 유대 나라가 로마의 수중에 들어가고 나니까 로마를 찾아가서 대제사장직을 돈을 주고 사 옵니다. "우리나라에는 성전이 있고 정해진 방식의 제사가 있어서 제사장이 필요하거든요. 그 자리 우리에게 주십시오." 이래서 대제사장직을 사왔습니다. 이 사실을 두고 나중에 사도 바울이 대제사장 앞에서 심문을 받는 자리에서 "아, 네가 대제사장이었지?"라고 말합니다. 이 말에는 '네가 진짜로 하나님이 세우신 대제사장이 맞느냐?'라는 조소(嘲笑)가 깔려 있습니다(사도행전 23:5). 이 대제사장들이 그 직을 사들이는 데는 돈이 들었습니다. 본전을 뽑아야겠죠? 그래서 이 성전 마당에서 소를 팔고 양을 팔고, 동전을 바꾸는 자리를 만들었습니다. 그 장사터가 대제사장 가문의 중요한 수입원이 됩니다. 엄청난 돈을 백성들로부터 갈취했습니다.

이래서 백성들의 불만이 쌓이고 있던 차에 한 열혈 청년이 나타나서 확 둘러엎고 아주 성전에 불을 지르다시피 난장을 냈습니다. 그러니 백성들이 속이 시원했습니다. 이참에 당신이 메시아라는 확실한 증거를 보여주십시오. 이 자리에서 기적을 바로 행해주십시오.

성전을 헐라
이때 하신 예수님의 대답이 아주 심오합니다.

"너희가 이 성전을 헐어라. 그러면 내가 사흘 안에 다시 일으키리라."

너희가 성전을 헐어 볼래? 그러면 내가 표적을 보여줄게. 내가 사흘 만에 다시 일으키마.

사람들이 묻습니다.

"이 성전은 46년 동안 지었는데, 당신은 뭔 재주로 딱 사흘 만에 다시 짓는다는 거요?"

실제로 이 성전이 그렇게 오랜 기간 동안 지었던 것은 아닙니다. 이 당시 성전은 이스라엘의 왕이 된 헤롯이 지은 성전인데, 이른바 세 번째 성전입니다. 이 성전은 허물어져 폐허가 되어 있던 성전을 증축, 개축한 건물인데 이래저래 시간이 좀 걸렸던 것 같습니다. 그런 시간들을 다 합치면 46년 정도 되었나 봅니다. 실제로 그 정도 걸렸다고 보기는 어렵습니다.

성전의 역사

여기서 성전의 역사를 잠시 짚고 넘어갑시다. 모세 시대에는 '행군 중인 이스라엘'에 적합한 성막을 짓도록 하나님께서 명하셨습니다. 이스라엘은 가는 곳마다 성막을 먼저 설치했습니다. 그 후에 다윗 시대를 거쳐 솔로몬 왕의 시대에 성전이 건축됩니다(주전 967년경). 이 성전은 예루살렘이 바벨론의 공격을 받아 망할 때 함께 파괴됩니다(주전 586년경). 그리고 주전 515년경에 바벨론 포로 생활에서 돌아온 이스라엘 백성들이 스룹바벨의 영도 하에 다시 성전을 짓습니다. 이른바 제2성전, 혹은 스룹바벨 성전이라고 부릅니다.

이 스룹바벨 성전이 제대로 유지되지 못하고 있던 차에 이스라엘

(유대)은 로마에 점령되어 속국이 되었습니다. 그리고는 헤롯이 유대의 왕이 됩니다. 물론 이 왕도 로마에서 돈을 주고 된 왕이었습니다. 그는 유대인이 아니었습니다. 그래서 유대인들의 환심을 사기 위해서 수리가 필요했던 성전을 개축하고 증축했습니다. 마당도 넓히고 건물도 더 지었습니다. 이러는 과정에 꽤나 길게 걸렸던 모양입니다. 그래서 46년이라는 수치가 나오게 됩니다. 이를 '헤롯 성전'이라 부릅니다.

주님께서 말씀하십니다.

"너희가 이 성전을 헐어봐라. 내가 사흘 안에 다시 세우마."

유대인들이 생각합니다.

"이 성전이 46년 만에 완공되었는데 뭘 사흘에 세워?"

우리는 알고 있습니다. 주님의 능력이면 46년 아니라 460년 걸려 지었더라도 무너뜨리고 다시 세우는데 단 사흘, 아니 세 시간도 넘칩니다.

주님의 말씀의 일차적인 의미는 이렇습니다. "표적이라고 했느냐? 그럼 지금부터 날 따라다녀 봐라. 이 건물 무너뜨리고 사흘 안에 다시 짓는 그 정도가 문제겠느냐?"

표적이라는 단어가 요한복음에서 자주 쓰입니다. 예수님께서 표적을 자주 행하셨습니다. 여기서 예수님께서 하신 말씀은 '이 성전을 사흘 안에 짓는 표적은 어려운 일이 아니다'는 뜻이었습니다.

요한복음은 아주 단순하고 쉽게 읽을 수 있습니다. 반면에 아주 깊은 의미를 담고 있습니다. 때로는 이중적인 의미를 띠고 있을 때가 많습니다. 지금 여기서 하신 말씀은 우선 '너희가 이 건물 헐어봐라. 내가 사흘 안에 다시 지어내지 못할 거 같으냐?'는 뜻입니다.

4. 분노를 넘어

잠시 생각해 봅시다. 주님께서 말씀하십니다. "자, 이 건물 헐어봐라. 내가 사흘 만에 다시 지을게." 유대인들은 생각할 겁니다. "이 건물을 왜 헐어? 이건 하나님의 집인데." 그러니까 "사흘 만에 다시 지을 수 있다는 저 놈 말은 거짓말이야." 이런 생각 속에는 '성전은 하나님의 집이며, 이 건물이 있는 이상 우리는 하나님의 백성이며 절대 안전해'라는 잘못된 사고방식이 깔려 있습니다. 그들의 생각이 옳다면 솔로몬 성전은 어디 갔습니까? 그 화려하던 솔로몬 성전 어디 갔습니까? 이 성전이 파괴될 수 있다고 수없이 경고했던 선지자들의 경고를 무시했던 그네들이 어떻게 되었습니까?

예수님께서 말씀하십니다. "너희가 이 성전을 헐어봐라. 내가 사흘 안에 다시 세우마." 실제로 예수님은 그렇게 하실 수 있습니다. 사흘이 뭡니까? 세 시간도 남겠지요. 하지만 주님의 말씀의 의도는 거기에만 있지는 않습니다. 사도 요한은 예수님의 말씀의 참된 의도는 다른데 있다고 적고 있습니다. 우리 21절을 읽어 봅시다.

그러나 예수는 성전된 자기 육체를 가리켜 말씀하신 것이라.

자, 우리 여기서 확실하게 새겨두어야 합니다. 요한복음 2:21이 뭐라고 말하고 있습니까? 성전이 뭡니까? 예수님의 몸입니다.

"성전은 예수님의 몸이다."

이 명제와 다른 표현들이 우리 주변에 얼마나 많습니까? 그리 유심히 보지 않아도 얼마든지 보입니다. 아니, 우리 머릿속에도 꽉 차 있지 않습니까? 우리 교회*도 몇 년 안에 예배당을 지어야 할 거 같습니다. 하지만 우리 교회는 성전을 짓지는 않을 겁니다. 성전은 옛날 옛적에 다 지어졌습니다. 보십시오. 성경이 뭐라고 선언하고 있습니까? 성전이 뭡니까?

> "그러나 예수는 성전된 자기 육체를 가리켜 말씀하신 것이라."

예수님께서 다시 지으실 성전은 뭡니까? 바로 '예수님의 몸'입니다. 사도 요한이 이를 22절에서 덧붙여 설명하고 있습니다.

> 죽은 자 가운데서 살아나신 후에야 제자들이 이 말씀하신 것을 기억하고 성경(구약성경)과 및 예수의 하신 말씀을 믿었더라.

따라서 지금 존재하는 어떤 건물을 두고 – 어떤 건물이든지 간에 – '이 건물이 성전이다'고 말하는 순간, "나는 구약 성경은 물론, 예수님의 말씀도 안 믿습니다."라고 선언하는 셈이 됩니다. 이런 불신앙적인 발언들을 지금도 주님의 이름으로 십자가 장식 앞에서 공공연히 하고 있는 모순을 볼 수 있습니다.

한국교회 교인들은 '성전'이라는 단어만 들어도 가슴이 답답해 옵니다. 왜 그럴까요? 아마 설명하지 않아도 짐작하시리라 생각됩니다. '성전건축헌금' 때문입니다. 성전이란 말을 들을 때마다, 성전을 생각할 때마다 그리스도인의 가슴은 두근거려야 정상입니다.

---

* 필자가 시무하는 교회를 말합니다.

성전은 우리의 가슴을 설레게 하는 하나님의 사랑의 선포입니다.

자, 다시 정리해 봅시다. 성전이 뭡니까? 하나님께서는 당신의 백성들을 사랑하셔서 그 백성들과 함께 계시고 싶어 하십니다. 그래서 하나님은 임마누엘이라고 불리십니다. 그래서 성전을 백성들 가운데 짓고는 그 가운데 거하십니다. 그런데도 불구하고 우리는 죄인이기 때문에 하나님을 만나러 갈 수가 없습니다. 하지만 하나님께서 우리에게 하나님을 만나러 갈 길을 열어 주셨습니다. 성전 입구에 번제단을 마련해 두시고 속죄의 제사를 드려서 죄를 청산하고 하나님께 나아오게 하셨습니다. 번제단 아래서 피 흘려 죽은 짐승들처럼 그리스도께서 하나님의 백성들을 대신해서 피 흘리고 죽으셨습니다. 그리고 대제사장이신 예수님께서는 이 피를 친히 들고 하나님의 보좌 앞, 시은좌 앞으로 담대히 들어가셨습니다. 그 시은좌로 가는 길을 막는 휘장을 찢어버리시고(마태복음 27:51) 하나님께 나아가는 길을 여셨습니다. 그래서 우리는 그 분을 따라서 하나님의 은혜의 보좌 앞으로 갈 수 있게 되었습니다.

성전이 보여주는 바, 의미하는 바가 뭡니까? 예수님께서 이 땅에 오셔서 당신의 백성들 가운데 사셨습니다. 요한복음 1:14이 이 점을 잘 말해줍니다.

말씀이 육신이 되어 우리 가운데 거하시매 우리가 그 영광을 보니 아버지의 독생자의 영광이요 은혜와 진리가 충만하더라.

여기서 '거하신다'는 이 단어는 텐트를 치고 거기서 사신다는 뜻입니다. 목자들이 양들과 함께 산에 들에 가서 지낼 때에 자기 텐트를 가져가서 치고 거기에서 지낸다는 말입니다. 더 나아가서 하나님께서 성막 안에 거하심을 뜻합니다. 다시 말하면 예수님께서 육체를 입고 사람들 가운데 사신 자체가 영광의 하나님께서 당신의 백성들 한복판에 텐트를 치고 사신 것과 마찬가지라는 말입니다. 이처럼 예수님께서 성전이시라는 말이 이미 요한복음 초두에서 나오고 있습니다.

14절 뒷부분도 마저 살펴봅시다. "은혜와 진리가 충만하더라." 여러분. 기억하십니까? 이스라엘이 금송아지 사건으로 범죄한 이후에 하나님께서 십계명을 받기 위해서 모세가 산에 올라갔을 때, 여호와께서 친히 그 '이름'을 반포하셨습니다.

> "여호와로라 여호와로라 자비롭고 은혜롭고 노하기를 더디하고 인자와 진실이 많은 하나님이로라."

이 '인자와 진실'이 요한복음 1:14에 나오는 '은혜와 진리'입니다. 이스라엘을 향한 진노를 거두시고 이스라엘 백성 가운데 다시 성막을 치고 들어와 사시던 그 하나님의 모습과 육체를 입고 이 땅에 오신 예수님의 모습은 같다고 말하고 있습니다.

결국 예수님께서 '너희가 이 성전을 헐면 사흘 안에 내가 다시 세우겠다'고 말씀하신 의도는 이렇습니다. "너희가 하나님의 참 성전인 나를 죽이면, 오히려 그렇게 됨을 통해서 하나님의 역사는 완성될 것이고, 또 내가 부활함으로써 이 참된 성전인 나는 영원히 무너지지 않게 될 것이다. 영원히 죽지 않는 부활의 몸이 될 것이다."

성전은 예수님입니다. 이것에서 벗어나는 이야기를 하면 예수님과 싸우자는 얘기 밖에 안 됩니다. 예수님께서 하신 말씀을 뒤엎자는 얘기 밖에 더 되겠습니까? 예수님께서 하신 말씀을 그 제자인 사도 요한이 설명을 덧붙여 놓았습니다. 이에 대해서 감히 토를달고 싸우자는 사람들이 전국 방방곡곡에 널려 있습니다.

그런 식으로 덤비면 안 된다고 못 박아 놓은 성경 구절이 하나더 있습니다. 성경 끝부분에 가면 성전이 무엇인지를 확실하게 선언합니다. 요한계시록 21:22입니다.

> 성 안에 성전을 내가 보지 못하였으니 이는 주 하나님 곧 전능하신 이와 및 어린 양이 그 성전이심이라.

이 구절은 사도 요한이 하늘 예루살렘 성을 보고 전해준 말입니다. 요한계시록에서 '어린 양'은 예수님입니다. 한번 생각해봅시다. 예루살렘을 왜 거룩한 도시라고 합니까? 그 예루살렘이 포함된 그 나라를 왜 성지(聖地)라고 합니까? 거룩하신 하나님께서 거기에 와 계시기 때문입니다. 다시 말하면 예루살렘이 거룩한 성인 이유는 하나님의 집인 성전이 그 성에 있기 때문입니다. 그런데 천성에 올라가니까 성전이 없어요. 하늘에서 내려온 거룩한 성 예루살렘(계 21:10)에 성전이 없습니다. 아니 거룩한 성이 거룩한 성전이 없으면 어떻게 거룩한 성입니까? 이게 무슨 예루살렘입니까? 새 예루살렘이 옛 예루살렘보다 더 못해지는 겁니까?

아닙니다. 더 나아졌습니다. "성전이 왜 따로 필요해? 예수님이 계시는데!"라고 말해주고 있습니다.

자, 이제 다시 요한복음 2장으로 돌아가 봅시다. 우리가 오늘

읽은 본문 마지막 대목을 살펴봅시다. 22절입니다.

> 죽은 자 가운데서 살아나신 후에야 제자들이 이 말씀하신 것을
> 기억하고 성경과 및 예수의 하신 말씀을 믿었더라.

주님의 제자들이 주께서 십자가에 못 박히셨을 때, 그 십자가가 뭘 의미하는지 몰라서 도망갔던 제자들이 나중에 부활하신 예수님을 만나고 나니까, 십자가와 부활까지를 쭉 연결해 보니까 성전, 성전 안에 있는 기구들, 성전의 제사들, 이 모든 것이 주님의 십자가에서 다 완성되었음을 알게 됩니다. 예수님께서 부활하시니까 참 성전이 영원히 세워졌다는 사실을 알게 되었습니다. 이런 안목을 제자들이 부활 후에야 갖게 되었습니다. 예수님의 제자들이 십자가와 부활을 경험하고 나서 '이 성전을 헐면 사흘 만에 다시 세우겠다'고 하신 그 말씀의 의미를 깨닫습니다. 그리고 성경에 기록을 남겨놓았습니다.

앞으로 성전에 대해서 계속 설교할 것입니다. 늘 기억하십시오. 성전에 관해 말하고 있는 출애굽기, 레위기를 읽을 때마다 기억하십시오. 하나님께서 당신의 백성과 함께 하고 싶어 하시는 그 하나님의 열심을 읽어야 합니다. 그런 구절들 읽을 때마다 예수님께서 우리와 함께 하시고 싶어 하시고 우리를 용서하시고 우리의 모든 죄를 대신 담당하고 싶어 하시는 그 예수님의 사랑이 서리어 있음을 보아야 합니다. 하나님의 백성이 하나님의 사랑에 관해 적혀 있는, 우리를 향한 예수님의 열정이 적혀 있는 대목을 읽을 때에 가슴이 두근거리지 않으면, 이 어떻게 하나님의 백성이며, 하나님의 자녀라고 할 수 있습니까?

성전이라는 단어가 나올 때마다 가슴이 답답해지면 예수 잘못

믿고 있는 겁니다. 성전에 관한 말씀을 읽을 때마다, "여기서는 예수님 사랑이 어떻게 설명되고 있을까? 우리와 함께 하고 싶어 하시는 하나님의 사랑의 열정은 어떻게 나타나고 있을까?" 이런 마음을 가져야 합니다. 주님의 수많은 사랑의 고백을 왜 우리는 자꾸만 외면하고만 있습니까? 하나님의 말씀과는 전혀 다르게, 예수님께서 하신 말씀과는 전혀 엉뚱한 방향으로 읽고 이해하고 있지는 않습니까? 성전은 가슴 설렘으로 보아야 합니다.

결론/적용

성전은 하나님께서 우리와 함께 하시고 싶어 하시는 사랑의 증거입니다. 예수님께서 바로 그 성전입니다. 그래서 예수님을 임마누엘이라고 합니다(마태복음 1:23).

우리를 하나님 아버지의 보좌 앞으로 데리고 가시고 싶어서 친히 오셔서 피 흘리시고 제물이 되어 주신 주 예수 그리스도! 성전이 되신 주 예수 그리스도! 그 분을 인하여 하나님 아버지를 더 알고 사랑하고 찬양할 수 있게 되었습니다.

> "우리를 하나님 앞으로 인도해 주시는 예수님.
> 하나님 아버지와 만나게 해 주시는 성전 되신 예수님,
> 감사합니다."

이 감사가 오늘 설교의 결론입니다. 이 주 예수를 늘 찬양하고 감사할 뿐 아니라, 그 분을 통해서 하나님 아버지의 보좌, 시은좌 앞으로 담대히 나아갈 수 있기를 바랍니다.

1 복습해 봅시다.

　 ＊성전의 핵심은 하나님의 ＿＿＿＿＿ 입니다.

　 ＊사람이 하나님 앞에 서기 위해서는 죄 사함을 받아야 합니다. 이를 위
　 해서 성전 입구에는 ＿＿＿＿＿ 이 있습니다.

　 ＊하나님 앞에 나아가는데 장애가 있음을 보여주는 마지막 장치는 ＿＿＿＿＿ 입
　 니다. 이 장치가 나중에 어떻게 되는지는 다음에 살펴보겠습니다.

2 '나는 온유하고 겸손하다'고 말씀하신 예수님께서 오늘은 왜 이렇게 화가 나
　 셨습니까? 예수님의 분노에 찬 행동은 어떤 의미가 있습니까?

3 '표적'이란 '구속 사건에 수반되는 일, 심지어는 그 사건을 구성하고 있는 기
　 적들을 가리키는 전문 용어'입니다. 이 정의는 골즈워디, [복음과 하나님의
　 계획] 194쪽에서 인용했습니다. 좀 설명하자면 하나님께서 당신의 백성들
　 을 구원하실 때 같이 일어나는 기적이 바로 표적입니다. 더 나아가서 그 기
　 적 자체가 구원의 사건이라는 뜻입니다. 그러니까 출애굽 때 애굽에 내린
　 열 재앙은 출애굽이라는 구속 사건에 수반되어 일어난 '표적과 기사'입니다.
　 홍해가 갈라진 일은 구속 사건 그 자체이라고 볼 수 있겠지요.

　 　 그렇다면 오늘 성전 마당에서 표적을 요구하는 유대인들에게 주님이 주
　 신 가장 확실한 표적은 무엇이었습니까?

4 유대인들은 '우리에게 성전이 있는 한 우리는 하나님의 선민이며, 우리는
　 망하지 않는다'고 믿었습니다. 혹시 우리에게는 이런 그릇된 확신은 없을
　 까요? 우리의 세례? 정통성 있는 교회? 혹시 구원의 확신을 가졌다는 것이
　 유대인들의 확신과 다르다고 말할 수 있을까요?

　 　 "유대인들은 예수님을 안 믿었지만 우리는 예수님을 믿는다." 이것이 여

러분의 답이라면 다시 물어봅시다. 예수님 시대 이전의 유대인들이 가진 확신은 어떻게 무너뜨리시겠습니까?

5 하늘 예루살렘, 새 예루살렘에는 왜 성전이 없습니까?

6 '부활하신 예수님이 성전이다.' 이 결론의 의미를 정리해 봅시다.

   1)성전은 하나님을 만나는 곳입니다. 그렇다면 하나님을 만나는 일은 _____ 을 통해서만 가능합니다.

   2)성전이 하나님이 우리와 같이 계시고 싶어 하심, 즉 임마누엘을 보여주는 장치라면 임마누엘이라는 별명을 가지신 _____ 이 바로 성전이십니다.

   3)요한계시록에서도 예수님이 성전이심을 말하는 구절이 있습니다. 21:22입니다.

   성 안에 성전을 내가 보지 못하였으니 이는 주 하나님 곧 전능하신 이와 및 _____ 이 그 성전이심이라.

7 성전은 '우리와 같이 계시고 싶어 하시는 하나님'을 보여줍니다. 당신의 백성을 사랑하셔서 같이 계시고 싶어 하시는 하나님의 사랑을 읽어내고 있습니까?

이 책의 제목을 다시 봅시다. 여러분은 성전을 볼 때마다 설렘과 사랑이 있습니까

8 교회당을 성전이라고 부르는 것이 합당할까요?

여덟째마당

하늘 성전에
들어가 보니

요한계시록 4:1–11

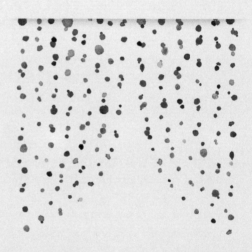

요한계시록 4:1-11

[1]이 일 후에 내가 보니 하늘에 열린 문이 있는데 내가 들은 바 처음에 내게 말하던 나팔 소리 같은 그 음성이 이르되 이리로 올라오라 이 후에 마땅히 일어날 일들을 내가 네게 보이리라 하시더라 [2]내가 곧 성령에 감동되었더니 보라 하늘에 보좌를 베풀었고 그 보좌 위에 앉으신 이가 있는데 [3]앉으신 이의 모양이 벽옥과 홍보석 같고 또 무지개가 있어 보좌에 둘렸는데 그 모양이 녹보석 같더라 [4]또 보좌에 둘려 이십사 보좌들이 있고 그 보좌들 위에 이십사 장로들이 흰 옷을 입고 머리에 금관을 쓰고 앉았더라 [5]보좌로부터 번개와 음성과 우렛소리가 나고 보좌 앞에 켠 등불 일곱이 있으니 이는 하나님의 일곱 영이라 [6]보좌 앞에 수정과 같은 유리 바다가 있고 보좌 가운데와 보좌 주위에 네 생물이 있는데 앞뒤에 눈들이 가득하더라 [7]그 첫째 생물은 사자 같고 그 둘째 생물은 송아지 같고 그 셋째 생물은 얼굴이 사람 같고 그 넷째 생물은 날아가는 독수리 같은데 [8]네 생물은 각각 여섯 날개를 가졌고 그 안과 주위에는 눈들이 가득하더라 그들이 밤낮 쉬지 않고 이르기를 거룩하다 거룩하다 거룩하다 주 하나님 곧 전능하신 이여 전에도 계셨고 이제도 계시고 장차 오실 이시라 하고 [9]그 생물들이 보좌에 앉으사 세세토록 살아 계시는 이에게 영광과 존귀와 감사를 돌릴 때에 [10]이십사 장로들이 보좌에 앉으신 이 앞에 엎드려 세세토록 살아 계시는 이에게 경배하고 자기의 관을 보좌 앞에 드리며 이르되 [11]우리 주 하나님이여 영광과 존귀와 권능을 받으시는 것이 합당하오니 주께서 만물을 지으신지라 만물이 주의 뜻대로 있었고 또 지으심을 받았나이다 하더라

여덟째마당

하늘 성전에
들어가 보니

● 요한계시록 4:1-11

땅 위에 세워진 성전/성막이 완벽한 하나님의 집일 수는 없습니다. 솔로몬이 성전을 완공하고 하나님께 봉헌하면서 이런 기도를 드렸습니다.

> "하나님이 참으로 땅에 거하시리이까? 하늘과 하늘들의 하늘이라도 주를 용납지 못하겠거든 하물며 내가 건축한 이 전이 오리이까?(왕상 8:27)"

그러니 당연히 이 땅 위에 있는 성전이 완전한 하나님의 집일 수는 없습니다. 하늘 성전이야 말로 진정한 하나님의 집이며 성전입니다. 지상의 성전은 하늘 성전의 모델 하우스일 뿐입니다.* 하나님께서는 이 하늘 성전, 참 성전을 우리에게 보여주셨습니다.

앞서 살펴본 대로 이스라엘 백성들도 성전에 있는 하나님의 방, 지성소 내부를 함부로 볼 수가 없었습니다. 심지어 대제사장조차도 함부로 볼 수 없도록 향을 피워서 향연(香煙)이 자욱해지고 나서야 들어갔습니다. 그런데 하늘 성전은 우리가 볼 수 있도록 허락되어 있습니다. 더욱이 그 하늘 성전의 지성소에서 보좌 위에 앉으신 하나님을, 삼위 하나님을 친히 뵈옵는 것이 가능해졌습니다. 이는 정말 놀라운 은총이 아닐 수 없습니다. 말할 필요도 없이 이는 그리스도께서 당신을 바쳐서 드리신 피의 제사 때문에 가능해졌습니다.

신약의 하나님 백성은 하나님 계신 곳으로 들어갈 수 있습니다. 하나님의 보좌를 볼 수 있습니다. 아니 그 정도가 아닙니다. 하나님의 얼굴을 볼 수도 있습니다. 그 영광을 목도할 수가 있습니다.

문제는 여기에 있습니다. 이 영광, 하나님과 함께 있을 수 있고, 천사들과 함께 하나님을 찬양하는 예배가 이어지고, 무엇보다 그 영광의 삼위 하나님을 바로 볼 수 있는 이 은혜, 이 광영을 우리가 이를 얼마나 기뻐하고 있는가 하는 점입니다. 과연 우리가 이 영광을 사모하고 있고, 이 영광이 가장 큰 복인 줄 인식하고 있는가 하는 문제입니다.

사람들은 축복 좋아합니다. 정확히 말하면 '복'을 좋아하는 것이지요.[**] 교인들도 다르지 않다는 게 문제입니다. 최근에 다른 교회 행사들에 나들이를 몇 차례 하면서 새로운 추세를 읽었습니다. 기

---

[*] 성전/성막을 Heaven on earth라 표현한 책이 있습니다. '땅 위에 내려온 하늘' 정도로 번역할 수 있겠지요. 정말 성전을 잘 요약한 제목이라 생각이 됩니다. 이 책에 대해서는 말미에 참고도서 목록을 보시기 바랍니다.

[**] 축복(祝福)이라는 말은 '복을 빌어준다'는 말입니다. 하지만 교회 내에서 뿐 아니라 일반적으로도 '복'과 같은 말로 쓰일 때가 많습니다. '축복하다'는 말은 사람이 사람에게 복을 빌어줄 때 쓰는 말입니다. 하나님께서는 사람에게 '축복'하지 않습니다. 우리는 하나님께서 복을 주시기를 빌어줍니다. 그러니 사람은 사람에게 '축복'합니다. 하나님은 '축복'하지 않고 바로 우리에게 '복을 주십니다.'

도 마지막 대목에서 "예수님의 이름으로 '축복하옵고' 기도합니다."로 마무리를 하더라구요. 예전에 볼 수 없었던 문구입니다. 축복은 여전히 대세인데 강조하는 방법이 나날이 발전(?)하는 듯 했습니다.

성경이 말하는 지고의 복, 최고의 복은 하나님 앞에, 그 분의 보좌 앞에 설 수 있는 이 복입니다. 하나님의 영광을 바라볼 수 있는 이 복보다 더한 복은 없음을 성경은 분명히 말해 주고 있습니다. 사실 천국이 좋은 것도 거기에 뭐가 있고, 뭐는 없고가 아닙니다. 하나님과 함께 있을 수 있고 예수님과 함께 하기에 좋은 곳입니다.

제가 초등학생 때 이웃집에 종일 집에만 있는 덩치 좋은 청년이 있었습니다. 지금 생각해보면 고시 공부를 했던 것 같습니다. 이 청년이 제게 물었습니다. 교회를 왜 다니냐고. 천국 가기 위해서라고 말했더니 천국에 왜 가야하냐고 묻습다. 주일학교에서 배운 대로 열심히 답했습니다. 열두 가지 과실이 어쩌고 저쩌고…. 융판을 이용해서 천국을 열심히 가르치셨던 선생님의 말씀을 그대로 되풀이 했습니다. 사실 천국이 먹을 것, 맛있는 것이 많다는 그 선생님의 가르침이 제 머리 속에 깊이 각인 되어 있었나 봅니다. 그래서 '먹을 거 많은 천국'을 중심으로 열심히 대답을 했습니다. 그랬더니 이렇게 되물었습니다. "좋은 것도 하루 이틀이지 그게 끝도 없이 계속된다면 좋겠냐?" 혼자 열 받아서 뭐라고 열심히 설명을 했던 것 같기는 합니다.

정리하고 시작하죠. 천국은 왜 좋은 곳입니까? 요즘 애들에게 '먹을 것이 많아서 좋은 천국'을 가르치면 과연 아이들이 그 천국에 관심을 가질지 의심이 갑니다. 천국이 좋은 이유는, 천국을 가고 싶어 해야 할 이유는 하나님과 영원히 함께 있을 수 있는 곳이기 때문입니다. 그 분의 얼굴을 뵐 수 있어서 좋은 곳입니다. 그게 정말 좋습니까? 정말 그렇게 믿습니까? 정말 간절하게 사모합니까? 우리는 정직하게 이 대목에서 우리의 믿음 없음을 인정하고 시작해야 하지 않을까 생각합니다.

강해
본문에 묘사된 순서를 따라 살펴보기로 합시다.

1. 보좌에 앉으신 분
2. 24장로와 네 생물

사도 요한이 성령님의 인도하심을 받아서 하늘 성전으로 초대되었습니다. 그가 하늘 성전 지성소로 들어갔습니다. 거기에 보좌가 펼쳐져 있었습니다. 놀랍게도 그 보좌에 앉으신 분을 보았습니다. 그리고 그 주변에 뭐가 있는지도 보았습니다. 거기서 들리는 소리도 들었습니다. 하늘 성전의 문은 열려 있었습니다. 땅 위에 있는 성전의 지성소 앞에 휘장이 있어서 아무나 들어갈 수 없었던 것과 달리 하늘 성전 문이 열려 있었습니다. 이제 우리 요한과 함께 이 성전에 들어가 봅시다.

1. 보좌에 앉으신 분
하늘 성전에 올라간 요한의 눈에 들어온 첫 장면은 보좌였습니다. 왕이 앉는 자리가 먼저 보였습니다. 그리고 그 위에 앉으신 분을 보았습니다. 이 보좌는 말할 것도 없이 하나님의 보좌입니다. 하나님의 보좌가 땅 위의 성전에도 있었습니다. 시은좌, 은혜를 베푸시는 자리, 은혜로 당신의 백성을 다스리시는 보좌입니다. 지상의 성전에 있던 그 시은좌가 하늘에 있었습니다.

1) 그분의 모습

그 보좌를 자세히 설명하지 않으면서 요한은 그 보좌에 앉으신 분과 그 주변 상황을 전해줍니다.

보좌에 앉으신 분의 모습은 벽옥(碧玉)과 홍보석(紅寶石) 같았다고 합니다.

A. 벽옥 – 글자 그대로 풀면 푸른 옥인데, 수정처럼 투명한 보석이랍니다. 반짝임과 광채가 있는 보석이라고 합니다. 이 맑고 광채가 있는 보석을 하나님에 비한 것은 하나님의 깨끗하고 거룩하심을 표현하기 위한 것입니다.

B. 홍보석 – 붉은 색 광채가 나는 보석입니다. 이 보석을 손에 쥐고 있으면 마치 불덩이를 쥐고 있는 것처럼 보인답니다. 하나님을 이 붉은 빛이 나오는 보석에 비한 것은 무슨 뜻일까요? 이는 하나님의 진노를 상징하고 있습니다. 불타는 하나님의 진노, 죄와 하나님의 원수에 대한 하나님의 진노를 그려주고 있습니다. 다시 말하면 하나님의 심판이 강렬할 것임을 보여주는 그림입니다.

2) 무지개

하나님의 보좌 주변에 무지개가 떠 있습니다. 이 무지개에 대한 표현 두 가지를 유심히 보아야 합니다.

먼저, 이 무지개가 녹보석으로 되어 있다고 요한이 말해주고 있습니다. 녹보석은 에메랄드를 말합니다. '무지개가 녹색이다.' 여기에는 어떤 뜻이 있을까요?

앞에서 붉은 색이 하나님의 진노가 타오르고 있음을 상징한다고 했습니다. 붉은 색은 위험을 말해줍니다. 교통 신호가 그러하고, 목욕탕에서 뜨거운 물이 나오는 수도꼭지가 그렇습니다. 그렇다면 녹색은 뭘 상징합니까? 다시 교통신호등을 생각하면? 그렇습니다. 안전을 뜻합니다.

하나님 보좌 주위에 녹색 무지개가 있다는 것은 무엇을 상징할까요?

먼저 무지개를 생각해 보아야 합니다. 성경에 무지개가 여섯 번 등장하는데 그 중 세 번이 창세기 9장에 있습니다. 하나님께서 홍수로 세상을 심판하신 후에 노아에게 약속하셨습니다. 다시는 세상을 심판하지 않겠다고. 그리고 그 약속의 증표로 무지개를 주셨습니다.

이 증표인 무지개를 사람이 보라고 펼쳐주시지 않았습니다. 이 무지개를 볼 때마다 그 언약을 하나님께서 기억하시겠다고 선언하셨습니다(창세기 9:13-16). 무지개 하면 우리는 일곱 색의 영롱한 아름다운 무지개를 생각합니다. 하지만 하나님께서 이 무지개를 통해서 보여주신 것은 자연의 아름다움이 아니라 하나님의 자비의 아름다움이었습니다.

두 번째로 요한은 이 무지개가 하나님 보좌 주변에 있다고 말합니다. 보좌 '위에' 걸려 있는 것이 아니라 '주위'에 있다고 합니다. '보좌에 둘렸는데'라는 표현이 그 말입니다. 무지개가 보좌 위에 둥그렇게 걸려 있지 않고 보좌 주변을 돌아가면서 있다는 말입니다.

우리는 이 대목에서 머릿속에 그림을 달리 그려야 합니다. 우리가 생각하는 무지개는 땅에서 하늘 높이 둥그렇게 걸려 있습니다. 그러나 하나님께서 하늘에서 보실 때 무지개가 하나님 위에 있을 리는 없습니다. 그래서 사도 요한이 보았던 하나님 보좌에는 무지개가 '보좌 주변에', 보좌를 감싸고 있었습니다. 하나님께서 이쪽으로 고개를 돌려도, 얼굴을 반대편으로 돌려서 그 쪽을 보시더라도 그 무지개가 늘 보여서 잊으실 수 없게 되어 있습니다. 사람들 눈에 보이는 무지개는 위에 걸려 있습니다. 그러나 하나님 보좌 주변의 무지개는 하나님 보좌를 빙 둘러쳐져 있습니다. 이렇게 되어 있기 때문에 하나님께서 늘 그 무지개를 보실 수밖에 없고, 따라서 하나님께서 약속하신 자비를 잊으실 수 없습니다. 하나님께서 늘 그 언약을 기억하고 계신다는 뜻입니다. 이처럼 노아 언약이 하늘 성전에서 완성되어 있음을 볼 수 있습니다.

하나님 보좌를 둘러싸고 있는 에메랄드 무지개. 이 그림에서 우리가 받는 교훈은 이렇습니다.

"하나님은 자애로우신 분이시다. 그래서 당신의 자녀들에게 자비를 베풀기로 하신 약속을 절대로 잊지 않으신다."

자애로우신 하나님. 바로 헤세드의 하나님입니다. 첫째 마당에서 이 헤세드를 살펴보았습니다.

이처럼 계시록은 그림을 통해서 하나님의 계시를 설명해줍니다.

2. 24장로와 네 생물

1) 24장로

하나님 보좌 주변에 24장로가 있습니다. 그런데 이 장로들도 '보좌'에 앉아 있습니다. 이 장로들은 누구일까요? 왜 24명일까요? 구약시대에 이스라엘 백성은 언제나 12지파로 구별합니다. 이스라엘의 시조인 야곱, 이스라엘은 아들이 12명이었습니다. 그래서 이스라엘 백성의 수를 세던, 땅을 나누던 이 열두 아들의 후손별로 구별을 합니다. 그래서 열두 지파라고 부릅니다. 이렇게 해서 '12'는 언제나 모든 이스라엘, 모든 하나님의 백성을 지칭하는 숫자였습니다. 그래서 성소에 있는 떡상에 떡(진설병) 열두 덩이를 올려놓습니다. '하나님은 모든 이스라엘을 먹여 살리시는 보호자이시다'는 뜻이 있음을 다섯째 마당에서 살펴보았습니다.

그런데 신약시대에 들어오면서 예수님께서 당신의 제자들을 12명을 뽑으셨습니다. 이는 신약의 교회가 새로운 이스라엘임을 가르쳐 주시기 위함이었습니다.

이렇게 볼 때, 24명의 장로는 '신구약 시대를 망라한 모든 하나님의 백성'이란 뜻입니다. 다시 말하면 '교회'입니다. 우리가 사도신경 끝부분에서 고백하는 거룩한 '공교회'를 상징하는 숫자입니다.

장로들의 보좌

재미있는 사실은 교회를 대표하는 이 24명의 장로들의 보좌와 하나님의 보좌가 같은 단어로 되어 있습니다. 똑 같은 종류의 의자에 앉아 있다는 말입니다. 사실 이 장면에서 하나님의 보좌의 모양이 어떠한 지에 대해서는 전혀 언급이 없습니다. 그런데 단 한 가지만 알 수 있습니다. 바로 하나님의 보좌는 교회를 대표하는 이 장로들의 보좌와 같은 종류라는 사실입니다. 여기서 우리가 얻을 수 있는 교훈은 무엇입니까? 하나님께서 당신의 백성들에게 하나님 당신께서 가지신 영광을 공유하게 하신다는 사실입니다.

우리는 하나님의 양자(養子)입니다. 그런데 양자인 우리는 하나님의 친자(親子)이신 예수님과 똑같이 아버지 하나님의 재산을 물려받습니다. 로마서 8장 15-17절입니다.

> "너희는 다시 무서워하는 종의 영을 받지 아니하였고 양자의 영을 받았으므로 아바 아버지라 부르짖느니라. 성령이 친히 우리 영으로 더불어 우리가 하나님의 자녀인 것을 증거하시나니 자녀이면 또한 후사 곧 하나님의 후사(상속자)요 그리스도와 함께한 후사니"

하나님의 교회가, 하나님의 교회에 속한 하나님의 자녀가 하나님과 동등한 영광을 누립니다. 그리스도께서 아버지의 영광을 누리시듯, 우리도 아들과 딸인고로 예수님과 함께 아버지의 것을 누리게 됩니다. 이것이 또한 우리가 받게 될 최고의 영광이며 복입니다. 아멘.

계시록에는 이 사실을 다른 말로 표현하고 있습니다. 20장 6절입니다.

> 이 첫째 부활에 참예하는 자들은 복이 있고 거룩하도다 둘째 사망이 그들을 다스리는 권세가 없고 도리어 그들이 하나님과

그리스도의 제사장이 되어 천년 동안 그리스도로 더불어 왕노릇 하리라.

왕 노릇 한다는 말은 통치한다는 뜻입니다. 왕이신 하나님, 그리스도와 함께 왕의 역할을 하며 통치한다는 말입니다. 이런 설명 대신 4장에서는 하나님의 보좌와 24장로의 보좌가 같은 종류임을 그려놓음으로써 훌륭하게 설명하고 있습니다. 정말 훌륭한 '그림 언어'입니다.

흰 옷

이 24장로들이 흰 옷을 입고 있습니다. 흰 옷은 두 가지 의미가 있습니다. 당연히 흰색은 순결을 의미합니다. 그리스도의 피로 죄 씻음 받았음을 의미합니다. 하나님의 교회는 하얀, 순백의 깨끗한 교회입니다.

이 당시에는 승리하는 개선장군이 흰옷을 입었다고 합니다. 그러니 흰 옷 입은 성도는 그리스도의 십자가와 부활을 힘입어 죄와 마귀를 이긴 성도를 뜻합니다(계 3:4-5).

그러므로 흰 옷을 입은 24장로, 즉 흰 옷을 입은 교회는 그리스도의 보혈로 씻어 정결하게 된 교회입니다(계 7:13-14). 교회가 아름다워지는 것은 건물 덕분이 아닙니다. 세상 사람들에게 욕 얻어먹지 않기 위해서 사회 활동을 많이 한다고 되는 것도 아닙니다. 그리스도의 피로 씻음 받은 하나님의 백성, 이것이 교회의 모습이어야 합니다.

보혈로 정결하게 된 성도는 또한 스스로를 성결하게 유지합니다. 19:8을 봅시다.

> 그에게 허락하사 빛나고 깨끗한 세마포를 입게 하셨은즉 이 세
> 마포는 성도들의 옳은 행실이로다 하더라.

희고 깨끗한 옷, 곧 흰옷은 그리스도의 피로 씻음 받은 성도들의
영적 상태를 의미할 뿐 아니라, 그렇게 죄 씻음 받은 성도들의 거
룩한 삶을 뜻합니다. 이 둘은 동전의 양면이며 결코 분리될 수 없
습니다. 거룩한 삶을 통해서 그가 하나님의 자녀로서 성결하게 되
었음을 증명해야 합니다.

면류관

장로들의 행동을 주목해 볼 필요가 있습니다. 24장로들이 이
천사들과 함께 찬송하면서 자기들이 쓰고 있는 면류관을 벗어내
려 놓습니다.

> "영광은 하나님의 것입니다. 우리는 영광 받을 자격이 없습니다."

이런 고백을 행위로 나타내고 있습니다. 하나님 앞에 서면 우리의
작은 자랑들이 이슬처럼 사라지고 맙니다.

존귀와 영광은 하나님의 것입니다. 우리가 불러야 할 찬송이
바로 그 존귀와 영광입니다. 이것이 우리의 삶이어야 합니다. 하나
님께 가까이 나아갈수록 하나님을 제대로 알수록, 그 분의 얼굴을
제대로 볼수록 우리는 아무 것도 아님을 알게 됩니다. 그래서 교회

를 의미하는 24장로는 이렇게 고백합니다.

> "우리 주 하나님이여 영광과 존귀와 능력을 받으시는 것이 합
> 당하오니 주께서 만물을 지으신지라 만물이 주의 뜻대로 있었
> 고 또 지으심을 받았나이다."

영광이, 존귀함이 주님 아닌 누구의 것이겠습니까? 비록 그가 신
앙을 지키기 위해 자신의 모든 것을 빼앗기고 마침내는 그 목숨까
지 내어 놓았어야 한다고 하더라도 이 영광의 하나님 보좌 앞에 다
다르면 내 자랑은 남아 있을 수가 없습니다. 하나님의 영광, 하나
님의 보좌를 보고 나면 두려워서 자신은 죽어 마땅한 존재로 밖에
보이지 않습니다. 이런 모습은 성전에서 하나님을 뵈었던 이사야
에게서 보게 됩니다. 그 경건했을 선지자조차도 "나는 망하게 되
었구나."라고 외치지 않았습니까? 고상하게 "화로다, 나여. 망하
게 되었도다."라고 하고 있습니다만 쉽게 말하자면 "난 이제 죽었
구나!"라는 비명입니다.

　자기 자랑과 자기 주장이 너무 강해서 남을 불편하게 하는 사
람들이 간혹 있습니다. 정직하게 말하자면 이런 면은 누구나 있습
니다. 정도의 차이일 뿐이겠지요. 그런데 누구든지 하나님의 영광,
그 보좌를 보게 되면 감히 입을 열 수가 없습니다. 상으로 월계관
을 씌워주시면 "아이구! 이런 황송할 데가…. 아닙니다, 주님. 이
런 건 저한테 어울리지 않습니다."라고 소리 지르게 됩니다. 자기
가 훌륭하다는 말을 끝없이 하는 사람은 아직 그 눈으로 하나님의
영광을 '보지' 못한 사람입니다. '눈에 뵈는게 없는 사람'입니다. 험

악한 언사같고 막말 같습니다만 정말 영적인 교만의 원인과 결과를 잘 보여주는 말이 아닐까요?

2) 네 생물

여기에 생물이라는 애매한 단어가 나옵니다. 살아있는 존재라는 뜻일 뿐입니다. 행여라도 식물과 동물을 통칭하는 말로 생각해서는 곤란합니다. 이 네 생물은 하나님의 명을 수행하고 하나님을 보좌하고 경호하는 천사들입니다. 쉽게 말하면 성전에 있는 하나님의 방, 지성소에 있는 시은좌 양 끝에 금으로 만들어진 천사들(그룹)입니다. 성소와 지성소를 가르는 휘장에 새겨진 바로 그 천사들과 같습니다.

이 천사들이 밤낮 찬송하기를

"거룩하다 거룩하다 거룩하다 주 하나님 곧 전능하신이여 전에도 계셨고 이제도 계시고 장차 오실 자"

이시라고 합니다. 이런 찬송은 이사야 6장에서도 나옵니다.

여호와 – 이제도 계시고 전에도 계시고 장차 오실 자

천사들, 네 생물의 찬송의 내용에서 하나님을 전능하시다고 한 찬송은 쉽게 이해를 합니다. 그런데 '전에도 계셨고 이제도 계시고 장차 오실 자'라는 표현에 대해서는 이해가 쉽지 않습니다. '장차 오실 자'라는 표현을 보고는 예수님에 관한 표현이라고 생각하기 쉽습니다. 하지만 이 표현이 계시록에 세 번 나오는데, 예수님

을 지칭하는 경우는 없습니다.

이 표현은 출애굽기 3:14의 '나는 스스로 있는 자'(I AM WHO I AM)를 뜻합니다. 우리 말 번역이 좀 애매합니다. 그 가장 정확한 의미가 바로 '전에도 계셨고 이제도 계시고 장차 오실 자'입니다. 세월이 지나도 변하지 않으시는 하나님이란 뜻입니다. 변함없으신 언약의 하나님, 즉 여호와이시라는 말입니다.

인간은 변덕이 심하지만 하나님은 변함없이 당신의 백성을 지키시고 사랑하시는 하나님이심을 천사들은 노래합니다. 출애굽기에서 하나님께서 모세에게 나타나셔서 아브라함과 언약을 맺으신 하나님이심을 상기시켜 주셨습니다. 그 언약에 신실하신 하나님의 성호(聖號)가 여호와이셨듯이 이제 핍박 중에 있는 신약의 교회들에게도 여전히 변함없이 언약을 지키시는 하나님이심을 천사들은 노래하고 있습니다.

그러니 결국 이 하늘 보좌에 좌정하신 분은 지성소의 시은좌에 좌정하셔서 이스라엘에 은혜를 베푸시고, 다스리시고, 보호하시며 인도하시는 하나님, 바로 그 분이십니다. 이스라엘 백성 가운데 계시지 않고 다른 곳에 계시면 심각한 알레르기를 일으키시던 바로 그 하나님이십니다.

결론

주께서 요한에게 특별한 계시를 주시면서 하늘 성전을 먼저 보여주셨습니다. 이 성전은 결국 지상의 성전이 무엇을 지향하고 있는 지를 분명히 알게 합니다.

지상 성전의 시은좌는 하나님의 영광을 보여줍니다. 그리고 그 분이 은혜의 하나님이시며 자비를 베푸시기를 기뻐하시는 하나님이심을 보여주었습니다. 오늘 하늘 성전에서 하나님의 보좌 주변의 모습도 그 점을 잘 그려주고 있습니다.

또한 하나님의 교회는 '하나님을 예배하는 공동체'임을 살펴보았습니다. 예배의 핵심은 하나님께 영광 돌림입니다. 면류관을 벗어 내려놓음에서 보았듯이 우리 자신을 부인하는 것이 또한 이 영광 바침의 핵심이라 할 수 있을 것입니다.

무엇보다 하나님의 백성이 받을 지고의 복은 하나님의 영광 앞에 서는 것임을 배웠습니다. 엄청난 큰 복을 내버려 두고 작은 복에 집착하는 미련을 버릴 수 있기를 기도합시다. 오늘 본문이 가르쳐 주는 바가 바로 그것입니다.

자비와 영광의 하나님 앞에서 언제나 찬양하는 하나님의 백성으로 살아갑시다.

1 천국이 왜 좋은 곳입니까? 왜 우리 모두는 그곳을 사모해야 합니까?

2 하늘 성전에서도 하나님의 보좌, 시은좌가 있습니다. 그 보좌에 앉으신 하나님을 묘사하면서 요한은 보석에 견주었습니다. 하나님의 모습이 벽옥 같다는 건 무슨 뜻입니까?

3 하나님이 붉은 보석 같다는 말은 무슨 뜻입니까?

우리는 '좋으신 하나님, 참 좋으신 하나님'이라고만 믿고 싶어 합니다. 사랑의 하나님이시기만 한 것처럼 생각합니다. 홍보석 같은 하나님의 모습과 다르지는 않습니까?

4 녹색 무지개가 하나님의 보좌를 두르고 있습니다. 무지개가 처음 등장하는 창세기 9장을 봅시다. 13-16절입니다. 이 무지개는 하나님의 어떤 약속에 대한 증표였습니까?

이 무지개를 누가 보고 약속을 기억하겠다는 말입니까?

5 그런데 하늘 성전에서 무지개는 어디에 어떤 모양으로 걸려 있습니까? 그것이 어떤 의미를 내포하고 있습니까? '행여라도 하나님께서 당신의 언약을 잊으실 리가 있겠는가'를 무지개의 위치로 잘 설명하고 있습니다.

6 이 무지개가 녹색 보석, 에머럴드랍니다. 이건 또 어떤 의미일까요?

7 무지개를 통해 약속하신 '노아 언약'이 우리에게 어떤 의미가 있습니까? 단
순히 '이제 다시 물로는 심판 않겠다'는 말씀이 여러분에게 '은혜로운' 약속,
즉 은혜 언약입니까? 사도 요한이 하늘 성전에 본 이 모습, 노아 언약의 깊
은 의미를 생각하게 하고 있습니다. 무슨 의미가 거기에 담겨 있을까요?

8 24장로들이 면류관을 벗어 '던지는' 행위는 어떤 뜻이 담겨 있습니까?

_____

이 행동이 자기 부인과는 어떤 연관이 있습니까?

9 구약의 '여호와' 혹은 그 설명인 '나는 스스로 있는자'를 계시록은 어떻게 풀
어서 설명 합니까?(계4:8)_____

그 의미는 _____ 없으신 언약의 하나님입니다.

아홉째마당

하늘 성전에서의 예배

요한계시록 5:1–14 어린양, 일곱 영

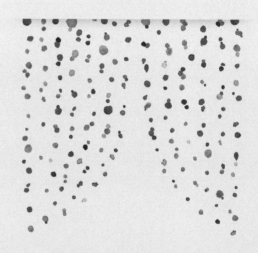

¹내가 보매 보좌에 앉으신 이의 오른손에 두루마리가 있으니 안팎으로 썼고 일곱 인으로 봉하였더라 ²또 보매 힘있는 천사가 큰 음성으로 외치기를 누가 그 두루마리를 펴며 그 인을 떼기에 합당하냐 하나 ³하늘 위에나 땅 위에나 땅 아래에 능히 그 두루마리를 펴거나 보거나 할 자가 없더라 ⁴그 두루마리를 펴거나 보거나 하기에 합당한 자가 보이지 아니하기로 내가 크게 울었더니 ⁵장로 중의 한 사람이 내게 말하되 울지 말라 유대 지파의 사자 다윗의 뿌리가 이겼으니 그 두루마리와 그 일곱 인을 떼시리라 하더라 ⁶내가 또 보니 보좌와 네 생물과 장로들 사이에 한 어린 양이 서 있는데 일찍이 죽임을 당한 것 같더라 그에게 일곱 뿔과 일곱 눈이 있으니 이 눈들은 온 땅에 보내심을 받은 하나님의 일곱 영이더라 ⁷그 어린 양이 나아와서 보좌에 앉으신 이의 오른손에서 두루마리를 취하시니라 ⁸그 두루마리를 취하시매 네 생물과 이십사 장로들이 그 어린 양 앞에 엎드려 각각 거문고와 향이 가득한 금 대접을 가졌으니 이 향은 성도의 기도들이라 ⁹그들이 새 노래를 불러 이르되 두루마리를 가지시고 그 인봉을 떼기에 합당하시도다 일찍이 죽임을 당하사 각 족속과 방언과 백성과 나라 가운데에서 사람들을 피로 사서 하나님께 드리시고 ¹⁰그들로 우리 하나님 앞에서 나라와 제사장들을 삼으셨으니 그들이 땅에서 왕 노릇 하리로다 하더라 ¹¹내가 또 보고 들으매 보좌와 생물들과 장로들을 둘러 선 많은 천사의 음성이 있으니 그 수가 만만이요 천천이라 ¹²큰 음성으로 이르되 죽임을 당하신 어린 양은 능력과 부와 지혜와 힘과 존귀와 영광과 찬송을 받으시기에 합당하도다 하더라 ¹³내가 또 들으니 하늘 위에와 땅 위에와 땅 아래와 바다 위에와 또 그 가운데 모든 피조물이 이르되 보좌에 앉으신 이와 어린 양에게 찬송과 존귀와 영광과 권능을 세세토록 돌릴지어다 하니 ¹⁴네 생물이 이르되 아멘 하고 장로들은 엎드려 경배하더라

하늘성전에서의 예배

● 요한계시록 5:1-14 어린양, 일곱 영

여덟째 마당에서는 하늘 성전에 함께 들어가 보았습니다. 거기 있는 하나님의 보좌를 보았습니다. 뿐만 아니라 그 하나님을 뵈었습니다. 그 분을 휘황찬란한 보석에 비겨서 묘사한 요한의 증언을 들어 보았습니다. 그 분은 벽옥 같았고 홍보석 같았습니다. 이 보석들이 가진 의미들을 기억하십니까? 또 보좌를 두르고 있는 에메랄드 무지개가 있었습니다. 은총을 보여주는 무지개였습니다.

강해

계시록 4장에서는 하나님의 모습을 보여주고 그 분을 향한 찬양을 들려주었습니다. 5장에서는 하늘 성전에 계신 예수님을 보여주고 그 분이 받으시는 찬송 소리를 함께 들을 수 있습니다.

1. 어린양 예수

오늘은 이어지는 하늘 성전 예배 두 번째 장면으로 가 보겠습니다. 하늘 성전 중심에 있는 보좌, 시은좌에 앉으신 하나님의 오른 손에 두루마리 책이 하나 있었습니다. 이 책을 열어볼 자격을 가진 이가 상천하지(上天下地) 어디에도 없었습니다. 그래서 요한이 답답하여 통곡합니다. 이 책은 하나님의 구원 계획을 적은 책입니다. 구속과 심판을 담고 있습니다. 하나님께서 당신들의 백성을 구원하시고 하나님과 교회의 원수들을 심판하실 계획이 담긴 책입니다. 이 책을 열어 보지 못한다는 것은 그 계획이 완성될 수 없다는 뜻입니다. 그렇다면 땅 위에 사는 성도들과 교회는 어떻게 될까요? 앞날을 보장 받을 수 없다는 말이 됩니다. 갈수록 핍박이 심해져가고 교회가 죄의 유혹 앞에 맥없이 무너지는 이 상황에서 하나님의 구원계획이 완성되지 못한다면 교회는 핍박만 받다가 마침내는 소멸되고 말아야 한단 말입니까? 그래서 요한은 울었습니다.

이 때 24장로 중 하나가 울지 말라고 말립니다. 그러면서 유다 지파의 사자가 승리했으므로 그가 그 책을 받아서 열어 볼 것이라고 말합니다. 요한이 반가운 마음에 그 분이 책을 받아 여는 장면을 보려고 고개를 들었습니다. 바로 이 대목에서 요한은 신기한 장면을 목도합니다.

그가 분명 한 장로의 말을 듣고 고개를 돌려 유다 지파의 사자를 찾았습니다. 유다 지파의 사자란 이스라엘 백성의 조상 야곱이 죽으면서 남긴 유언적 예언, 예언적 유언에 나온 말입니다. 그 야곱의 유언을 보면 유다가 사자 같이 될 것이라고 예언합니다(창 49:9). 그리고는 이어서 그 유다의 후손 중에서 왕이 나올 것이라고 예언합니다. 사자가 백수(百獸)의 제왕이라는 점에서 봐도 이해할 수 있지만 뒤이어지는 말씀에서 분명해집니다. 유다 지파의 사자란 유다의 후손에게서 나올 왕을 의미합니다.

이어서 다윗의 뿌리라는 말이 나옵니다. 이 말 역시 다윗 왕의 후손 중에서 오히려 다윗의 뿌리가 될 메시아가 탄생할 것에 대한 구약의 예언을 종합한 말입니다. 하여간 다윗의 뿌리도, 유다지파의 사자도 메시아, 즉 그리스도를 지칭하는 단어입니다.

사자? 어린 양!

이 장로의 말을 들은 요한은 반가웠습니다. 그래서 그는 그 분을 찾기 위해서 고개를 들었습니다. 이미 승리해서 당당하게 왕의 위풍을 갖추고 있을 사자를 찾았습니다. 갈기가 바람에 휘날리면서 포효하면 산천을 떨게 할 그런 사자를 보려고 고개를 들었습니다. 그런데 놀랍게도 그런 사자는 없었습니다. 요한의 눈에는 사자가 보이지 않았습니다. 어린 양만 보였습니다. 보좌와 네 생물 사이에 어린 양이 서 있었습니다.

사자를 기대하고, 그 용맹함과 승리를 예견하고 고개를 들었는데 양이 보입니다. '에계? 이를 어째? 지금 이 상황에서 양이 왜 나와?' 교회들은 다 죽을 지경에 있는데 양이 등장하면 어쩌자는 말입니까? 양이 무슨 재주로 이 어마어마한 마귀와의 전쟁을 승리로 이끈단 말입니까? 지금 땅 위에는 얼마나 큰 전쟁이 벌어지고 있는데? 교회가 터지고 깨지고 녹아내리고 있는데….

그런데 그 양도 어린 양입니다. 자기 몸도 겨우 가눌 것 같은 어린 양이 서 있습니다. 어미 양, 충분히 다 큰 양이라 해도 문제가 해결될 것 같지 않은데 겨우 어린 양입니다.

더 심각한 문제가 있습니다. 요한이 바라보고 있는 이 어린 양이 그냥 양이어도 위기에 처한 교회를 살려낼 수 있을지 걱정입니다. 오죽했으면 하나님의 손에 있는 그 책을 펼쳐볼 자가 없다고 요한이 울었겠습니까? 그러던 차에 사자가, 유다지파의 사자가 문제를 해결한다니 반가워서 그를 바라보는데 양이 등장합니다. 그것도 어린 양 이었습니다. 문제는 그 양이 이미 죽은 거 같아 보입니다.

어쩌자는 얘기입니까? 양이 나타나봐야 아무 것도 될 것 같지가 않습니다. 하다못해 늑대는 돼야 일이 될 것 같은데 겨우 양이 등장합니다. 그것도 모자라서 죽은 어린 양으로 보입니다.

여기에 놀라운 기독교의 진리가 담겨 있습니다. 죽임 당한 어린 양! 여기에 우리의 신앙의 핵심이 잘 나타나 있습니다. 그 핵심을 이해하기 위해서 어린 양이 무엇을 의미하는 지를 살펴보기로 합시다.

어린 양은 유월절의 어린양을 뜻합니다. 하나님께서 이스라엘을 애굽의 고통에서 건지시던 날 밤에, 이스라엘 백성이 자신의 가정을 지키기 위해서 잡았던 희생의 어린 양이었습니다. 하나님께서 이스라엘을 괴롭혀온 죄를 물어 애굽의 모든 맏아들을 죽이시던 그 날에, 하나님께서 이스라엘 백성들에게 명하셨습니다. "어린 양을 잡아서 그 피를 문기둥에 발라라. 그러면 내가 보낸 천사들이 그 집은 그냥 지나가게 하겠다."

하나님께서 명하신 대로 그렇게 한 이스라엘 백성의 집은 안전했습니다. 이스라엘도 그 심판에서 벗어날 수 있을 만큼 하나님 백성다운 삶을 살지는 못했습니다. 그럼에도 불구하고 하나님의 심판을 면했던 것은 바로 그 어린 양의 피가 있었기 때문이었습니다.

예수님은 진정한 의미에서 하나님의 백성, 하나님의 교회를 대신해서 피흘린 희생의 어린 양이었습니다. 하나님께서 이스라엘을 애굽에서 건져내시던 날, 바로 출애굽의 날에 이스라엘에게 '어린 양'의 피가 있었습니다. 그 피 때문에 구원을 받았습니다. 이제 우리의 영원한 어린양 그리스도의 피가 있어 우리 모두는 마귀의 속박에서 벗어나 하나님의 자녀가 될 수 있게 되었습니다.

그래서 세례 요한도 예수님께서 자기 앞에 나타나셨을 때에 자기의 제자들과 사람들에게 큰 소리로 예수님을 소개합니다.

"보라, 세상 죄를 지고 가는 하나님의 어린 양이로다." (요한복음 1:36)

이 어린 양이 바로 유다 지파의 사자입니다. 그 분이 다윗의 후손이자 다윗 왕조의 뿌리가 되시는 메시아, 곧 그리스도이십니다. 요한이 사자를 기대하고 고개를 들었는데 거기에는 일찌감치 죽은 어린 양이 보입니다. 이것이 기독교의 핵심 진리입니다. 교회가 이 세상을 어떻게 바라보아야 하고, 세상에서 어떻게 처신해야 하는지를 잘 보여주고 있습니다.

기독교인들이 자주 착각합니다. 교인이 집권하면, 장로가 정권을 잡으면 교회가 발전하고 부흥하리라고 기대합니다. 교인이 지방자치단체장이 되면 지역 교회에 많은 유익이 있으리라고 믿고는 '거의' 공공연하게 밀어줍니다. 분명하게 말씀드립니다. 이는 믿음이 없는 탓입니다. 그리스도의 희생의 원리를 알지 못해서 하는 생각입니다. 요한계시록을 계속 읽어나가 보면 알 수 있습니다. 교회는 예수의 피를 증거하는 교회의 선포와, 성도들의 거룩한 삶을 통해 승리를 쟁취합니다.

일곱 뿔

이 어린 양에 대해서 요한은 더 설명해주고 있습니다. 이 어린 양은 일곱 뿔과 일곱 눈이 있었습니다.

계시록 전체에서도 그렇습니다만 이 본문에서 이 일곱이라는 숫자가 본문을 여는 열쇠가 됩니다. 일곱은 '완전'을 뜻합니다. 하나님께서 천지만물을 창조하시고 일곱째 날에 안식하심으로써 창조를 완성하십니다. 이래서 일곱은 '완성'이라는 뜻을 갖게 됩니다. 이를 기억하기 위해서 일곱째 날은 인간들도 안식하라고 하셨습니다. 이 안식일, 즉 일곱째 날은 하나님께서 생명을 우리에게 주셨음을 기억하는 날입니다. 이래서 '일곱'은 '생명을 주심'이라는 뜻이 됩니다. 생명은 하나님께서 주십니다. 그러니 곧 일곱은 하나님을 의미하는 숫자이기도 합니다.

자, 어린 양이 뿔이 일곱입니다. 시편을 읽어 보면 짐작할 수 있습니다만 뿔은 힘을 상징합니다. 어린 양에게 뿔이 있습니다. 그것도 일곱 뿔입니다. 일곱 뿔은 '완전한 힘'이라는 뜻이 됩니다. 우리가 하나님을 설명할 때 쓰는 용어로 바꾸면 일곱 뿔은 '전능'을 의미합니다. 이 어린 양이 전능하시다고 합니다. 그 선언을 요한은 계시록에서 '일곱 뿔을 가지신 어린 양'이라고 그려냅니다.

2. 성령님 – 어린 양의 일곱 눈

이 어린 양께서는 '일곱 눈'을 가지셨답니다. 눈이 있어야 봅니다. 눈이 있으면 보고 알게 됩니다. 그런데 이 어린 양은 눈이 일곱입니다. 사도 요한이 이 표현, 이 그림을 통해서 말하고자 하는 것은, 아니 정확히 표현하면 성령께서 사도 요한에게 보여주신 이 장면을 통해서 하시고자 하는 말씀은 이겁니다.

> "어린 양 예수님은 세상의 모든 것을 다 보시고 아신다."

땅 위에 보내심을 받은 하나님의 영

그런데 이 일곱 눈이 온 땅 위에 보냄을 받은 하나님의 영이시라고 설명을 덧붙여 놓았습니다. 예수님의 눈이 성령님입니다. 그 성령님은 온 땅 위에 보냄 받으셨습니다.

이 표현을 이해하려면 구약성경 두 구절을 살펴보아야 합니다.

1) 먼저 역대하 16:9입니다.

> "여호와의 눈은 온 땅을 두루 감찰하사 전심으로 자기에게 향하는 자를 위하여 능력을 베푸시나니"

여기서 보면 여호와의 눈이 온 땅을 두루 살피고 계신다고 말씀한 다음에 능력을 베푸시는 하나님의 모습이 설명됩니다. 오늘 우리가 살피는 본문에 그대로 적용됩니다. 여호와이신 어린 양의 눈은 성령님이 되셔서 온 땅을 다, '완전히'(일곱이라는 숫자가 가진 의미) 살피고 계시고, 하나님을 향하는 성도를 위해서 능력('뿔'의 의미)을 베푸십니다.

2) 스가랴 4:1-10입니다.

이 본문에서 일곱 가지의 등대가 등장합니다. 6절에 가면 여호와께서 친히 이런 선언을 하십니다.

> "이는 힘으로 되지 아니하며 능으로 되지 아니하고 오직 나의
> 신으로 되느니라."

이 본문은 성전 재건을 격려하는 말씀인데 성전을 다시 세우는 일은 사람의 힘이나 능력 때문이 아니라 성령님께서 가능하게 하십니다. 그리고는 이 일곱 가지 등대가 무엇을 뜻하는 지를 분명하게 말씀하셨습니다. 10절입니다.

> "이 일곱은 온 세상에 두루 행하는 여호와의 눈이라."

일곱 가지 등대, 이른 바 칠지등대(七支燈臺)는 하나님의 영을 상징합니다. 사실 여덟째 마당에서는 살펴보지 않았습니다만 계시록 4장에 이 그림이 이미 등장했습니다. 4장 5절입니다.

> "보좌로부터 번개와 음성과 뇌성이 나고 보좌 앞에 일곱 등불
> 켠 것이 있으니 이는 하나님의 일곱 영이라."

그림이 좀 복잡해 보일 수가 있는데요, 천천히 정리해 봅시다. 여호와의 눈은 온 땅을 감찰하시고 하나님을 사랑하는 이들을 찾아내셔서 능력을 행하신다고 하셨습니다. 이 하나님의 눈을 일곱 등불로 그리고 있습니다. 그리고는 하나님께서 선언하십니다.

"이 일곱은 곧 성령이다. 성령이 하나님의 일을 완성한다."

일곱 등불의 의미

생각해 봅시다. 일곱은 무슨 뜻입니까? 완전, 전부를 의미합니다. 등불은요? 어둠을 밝혀 줍니다. 잘 보게 해 줍니다. 그러니까 일곱 등불은 '완벽하게 본다, 자세히 안다'는 뜻입니다.

우리는 여기서 또 다시 모세 시대에 세워진 성막으로 들어가 볼 필요가 있습니다. 성막 마당을 지나서 성막 본채로 들어가 봅시다. 저 안쪽에는 휘장이 있습니다. 그 휘장 안은 지성소입니다. 거기에 하나님의 보좌, 시은좌가 있습니다. 그리고 그 휘장 앞쪽 오른 쪽에는 떡상, '얼굴의 떡'을 진설하는 상이 있습니다. 중앙에는 향단이 있고, 왼쪽에는 바로 등대가 있습니다. (33쪽 도표 참고)

이 휘장 앞쪽에 있는 향단, 떡상, 등대를 '여호와 앞에 있다'고 합니다. 휘장이 가려져 있기는 하지만 하나님의 시은좌 앞에 있기 때문입니다. 그런데 요한이 보았던 그 하늘 성전에는 여호와 앞에 등대가 그냥 보입니다. 여호와의 보좌도 보이고 등대도 시야에 다 들어옵니다. 가려져 있지 않습니다. 휘장이 없습니다.

여기에도 의미가 있습니다. 왜 그럴까요? 어떻게 지성소에 있는 하나님의 보좌와 성소에 있는 등대가 동시에 보일까요? 왜 휘장으로 가려져 있지 않을까요? 그건 바로 예수님의 십자가 사건 때 휘장이 찢어져 버렸기 때문입니다. 더 이상 하나님을 가려 놓을 이유가 사라져 버렸기 때문입니다.

정리해 봅시다. 하나님의 보좌 앞에 일곱 등불이 있습니다. 완전하게 비춰주고 보여주는 등불은 하나님의 영입니다. '일곱'은 하나님의 숫자이니까요. 이 일곱 영, 성령님은 하나님을 온전하게 알게 해 줍니다. 하나님의 뜻을 알게 해 주시고 그 분의 능력을 알게 해 주십니다. 그 능력으로 하나님의 일이 이 땅 위에서 완성되게 하십니다. 스가랴 시대에는 성전이 완성되게 하시고 요한의 시대에는 땅 위의 또 다른 성전, 즉 교회가 바르게 서 가게 하십니다.

4장에서 하나님의 보좌가 있는 그 방에 있던 그 등대는 스가랴 선지자가 보았던 등대와 같은 것입니다. 그 등대는 곧 여호와의 눈이라고 하셨습니다. 이제 요한계시록 5장으로 넘어오면 어린 양의 일곱 눈으로 설명하고 있습니다. 스가랴 선지자에게 말씀하신 여호와의 눈입니다. 어린 양이 곧 여호와시라는 결론이 어렵지 않게 나올 수 있습니다. ('여호와'가 성부 하나님만을 뜻하지는 않습니다. 삼위 하나님 모두를 지칭할 때가 많습니다.)

이 하나님의 영이 온 땅에 보내심을 받았습니다. 예수님께서 하나님 아버지께로부터 성령을 받아서 당신의 교회에 부어주셨습니다. 성령님은 아버지의 영이신 동시에 그리스도의 영이심을 이 그림을 통해서 보여주십니다.

이 땅 위에 오신 성령님을 오늘 본문은 일곱 등대로 그리고 있습니다. 하나님의 보좌 앞을 환히 비춰 주셔서 하나님을 완전하게 보여주십니다. 다시 말하면 성령님께서는 우리가 하나님을 알 수 있게 해 주십니다.

뿐만 아니라 온 땅을 두루 감찰하시는 여호와의 눈, 예수님의 눈으로서 하나님의 백성들을 살피십니다. 교회가 당하는 어려움을 모르지 않으십니다. 교회가 죄를 숨겨 놓을 때도 아시겠지요. 그 분은 모든 것을 다 아시는 일곱 영이십니다.

계시록은 처음부터 성령님을 일곱 영으로 소개하고 있습니다. 계시록 1:4을 보겠습니다.

> "요한은 아시아에 있는 일곱 교회에 편지하노니 이제도 계시고 전에도 계시고 장차 오실 이와 그 보좌 앞에 일곱 영과 또 충성된 증인으로 죽은 자들 가운데서 먼저 나시고 땅의 임금들의 머리가 되신 예수 그리스도로 말미암아 은혜와 평강이 너희에게 있기를 원하노라."

3. 하늘 성전의 찬양

이제 당신의 죽으심과 피를 통해서 세상 모든 나라에서 당신의 백성들을 사들이셔서 하나님께 바치신 이 어린 양께 바치는 찬송이 하늘 성전 가득히 울립니다. 이 하늘 성전의 찬송이 우리의 찬송의 원조이며 핵심이며 전부입니다. 다른 찬송이 있을 수 없습니다. 예수님의 피로 우리가 이제 제사장이 되며 왕이 되었다고 노래하고 있습니다.

하나님의 백성들, 하나님의 교회가 여호와의 보좌, 삼위 하나님 앞에 설 수 있을 뿐 아니라 이제는 그 분을 향하여 찬송을 하게 됩니다. 이것이 성전의 완성입니다. 하나님 앞에 설 수 없는 인생들이, 하나님 앞에 서면 하나님께도 인간에게도 알레르기를 일으킬 수밖에 없는 인간들이 그 하나님 앞에서 삼위 하나님의 은혜를 찬송합니다. 이것이 성경이 그토록 힘주어 말하는 인간이 누릴 최고의 행복입니다. 13절에 가면 네 생물과 장로들에 이어서 수많은 천사들이 어린 양을 향해 찬송합니다. 더 나아가서 온 천지 만물이 보좌에 앉으신 하나님과 어린 양을 찬양합니다.

결론/마무리

오늘 초점은 예수 그리스도에게 맞춰져 있습니다. 하지만 4장에서 이어지는 성령님에 대해서도 함께 살펴본 이유는 그 분이 성전의 한 기구인 등대로 설명되어 있기 때문입니다. 등대는 성령님을 상징합니다. 그 분은 어린양의 눈이 되십니다. 구약에서는 여호와의 눈이라고 하셨는데 본문에는 어린 양의 눈이십니다. 그래서 예수님도 여호와이십니다. 성령님은 아버지의 영이시며 동시에 예수님의 영이십니다.

이처럼 계시록 4, 5장은 하늘 성전에 계신 삼위 하나님의 모습을 그림을 통해서, 동영상을 통해서 보여주고 있습니다.

적용

1. 예수님께서 하나님의 구원 역사를 완성하십니다. 하지만 사자처럼 싸우는 방식이 아니라 자신의 죽음을 통해서 이루십니다. 우리는 어떻습니까? 세상 사람들처럼 싸워 이기는 방식을 여전히 고집함으로써 '죽임당한 어린 양'의 백성이기를 포기하고 있지는 않습니까?

2. 우리의 찬양은 그리스도의 구원 역사에 초점이 맞춰져 있습니까? 우리의 감정과 기분에 맞춰져 있지는 않습니까? 찬송이 정

말 그리스도께, 그리고 하나님께 바치는 내용이던가요? 찬송을 부를 때, 그 가사를 자세히 살펴보십니까? 거기에 예수님의 구속이 어떻게 묘사되고 있던가요?

3. 예수님은 성령님을 통해서 지금도 당신의 교회와 함께 하십니다. 우리와 함께 계십니다. 살펴보고 계십니다. 온 땅을 두루 감찰하사 전심으로 여호와를 향하는 자에게 능력을 베푸십니다. 그분의 능력은 완전합니다. 일곱 뿔이 보여주고 있지 않습니까? 혹시 우리는 그 분이 모르셔서 문제를 해결 못하신다고 염려하고 있지는 않습니까? 주님의 능력이 모자라서 우리가 직접 해결해야 한다고 생각하지는 않는지요? 문제는 우리가 전심으로 여호와를 찾고 있는지가 문제일 뿐임을 알고 계십니까?

조금 더 구체적으로 적용해 봅시다. 우리 교회가 약합니까? 그러면 물어봅시다. 우리 교회는 주님의 교회입니까? 주님은 알고 계실까요? 그 분은 해결할 수 있을까요? 우리가 해야 할 일은 단 한가지입니다. 우리가 그 분을 전심으로 찾고 있을까요? 온 마음으로 찾고 있습니까?

이제 새로운 각오로 이 거룩하신 삼위 하나님을 온 마음으로 찾는 작업을 새롭게 시작합시다. 역대하 16:9 말씀으로 마무리 하죠.

"여호와의 눈은 온 땅을 두루 감찰하사 전심으로 자기에게 향하는 자를 위하여 능력을 베푸시나니…."

1 '보좌에 앉으신' 분께서 오른손에 두루마리 책을 하나 쥐고 계셨습니다. 그 책은 일곱 인으로 봉해져 있었습니다. 일곱의 의미가 '_____'임을 고려한다면 "이 두루마리는 절대로 펴 볼 수가 없다"는 뜻이 됩니다.

2 이 두루마리를 받아서 펼쳐 볼 이가 없음을 알고 요한은 통곡합니다. 이 두루마리의 내용은 하나님의 구원 계획입니다. 그리고 계시록의 내용의 대부분이 그 계획을 담고 있습니다.

　　그렇다면 요한은 왜 그렇게 안타까워 했습니까?

먼저, '하나님의 구원과 심판이 이뤄지지 않으면 어떡하나?' 하는 안타까움입니다. 우리는 이처럼 하나님의 뜻이 이뤄지지 않을까 염려하는 마음과 기도가 있습니까? 주기도문의 셋째 간구의 내용과 맥이 통합니다. 그 기도를 적어봅시다.

─────────────────────────────

이런 기도를 하고 계십니까? 내 뜻을 하나님께 강요하는 기도만 하고 있지는 않으신지요? 이런 식으로 말입니다. "뜻이 땅에서와 같이 하늘에서도 이뤄지기를 원합니다." 여러분의 가장 중요한 기도 제목이 이렇게 되어 있지는 않는지 정직하게 점검해봅시다.

그 두루마리의 내용이 요한계시록 내용의 대부분입니다. 우리는 요한의 통곡만큼이나 간절한 마음으로 계시록의 내용을 알고 싶어 합니까? 그렇지 못한 이유는 무엇일까요?

3 장로 중 한 분이 유다 지파의 사자가 승리했으므로 두루마리를 열 자격이 있다고 말해줍니다. 요한이 그 사자를 찾아 고개를 돌리니 사자는 보이지 않

고 '＿＿＿＿＿＿＿＿＿'을 보았습니다. 이 표현이 복음의 핵심입니다.
그리스도께서 원수들을 이기신 방법은 무엇이었습니까?
골로새서 2:14-15을 읽고 답해 봅시다.

4 요한은 '어린 양'이라는 표현을 즐겨 씁니다. 유월절 어린 양에 대해서, 출
애굽 전야의 어린양에 대해서 말해봅시다(출애굽기 12장).

5 지상의 교회는 '전투하는 교회'라고들 합니다. 전쟁 중인 교회가 '죽임 당하
심'을 통해서 승리한 그리스도께 전략, 전술에 대해서 뭘 배워야 할까요?

6 계시록은 전투 중인 지상 교회가 취해야 할 중요한 전략 전술을 말해주고
있습니다. 계시록 12:11을 봅시다.

또 우리 형제들이 ＿＿＿＿＿＿ 의 피와 자기들이 증언하는 말씀으로써
그를 이겼으니 그들은 죽기까지 자기들의 생명을 아끼지 아니하였도다.

그렇다면 이렇게 말할 수 있을 겁니다.
"교회가 승리하는 길은 그리스도의 ＿＿＿＿＿＿ 의 복음을 최선을 다해
서 증거하는 것이다."

7 어린 양은 일곱 뿔을 가졌습니다. 뿔은 ＿＿＿ 을 상징하고 일곱은
＿＿＿＿ 을 뜻합니다. 그렇다면 어린 양이 일곱 뿔을 가졌다는 말은
＿＿＿＿ 하시다는 뜻입니다.

그러니 어려움 중에 있는 교회는 주인이 전능하므로 걱정할 필요가 없다는 위로를 여기서 얻을 수 있습니다.

8 어린 양은 또 일곱 눈을 지녔습니다. 일곱은 _____ 을 뜻합니다. 그러니 일곱 눈을 가진 어린 양은 모든 것을 다 보시고 아십니다. 줄여서 말하면 ' _____ '하십니다.

우리 안에, 우리 주변에 그 분께서 모르시는 일이 있을까요?

역대하 16:9을 읽어 봅시다. 여호와의 눈은 뭘 찾고 있습니까?

_____

_____

그렇다면 일곱 눈의 어린 양께서는 당신의 교회를 살피면서 누구를 찾으시겠습니까?_____

9 '일곱'의 의미에 대해서 한 가지만 더 살펴봅시다.
3:1을 보면 살았다 하는 이름은 있으나 실상 죽은 교회인 사데 교회에 편지하시면서 예수님은 당신을 일곱 영을 가지신 분으로 소개합니다.

일곱은 ' _____ '을 뜻합니다. 나아가서 모든 생명을 창조하신 일이 일곱째 날에 완성됩니다. 그래서 일곱은 '생명 주심'을 뜻합니다. 그렇다면 죽어가는 사데 교회에 대한 최고의 처방은 바로 ' _____ '께서 일하심을 기도하는 것입니다.

성령님의 역사는 말씀을 통해서 일어납니다. 그리스도께서는 말씀과 성령으로 당신의 백성을 불러 모으시고(하이델베르크요리문답 54문답), 말씀과 성령으로 우리를 다스리십니다(하이델베르크 요리문답 31, 124문답). 또한 말씀과 성령으로 우리에게 선지자의 역할을 지금도 수행하고 계십니다(웨스트민스터 소교리문답 24문답).

그러므로 말씀과 분리된 성령님의 역사를 생각하지 않도록 노력해야 합니다. 이 점에서 우리 생각이 교정을 받아야 할 점이 무엇이 있겠습니까?

10 어린 양께서 두루마리의 봉인을 뗄 자격이 있으신 근거가 무엇입니까?(5:9/ 안타깝게도 우리 말 성경에 '일찍' 앞부분에 '왜냐하면'이 생략되어 있습니다.)

_____

_____

이를 보면 계시록의 주제 역시 그리스도의 피의 복음임을 알 수 있습니다. 계시록은 결코 미래를 점칠 수 있게 하는 책이 아닙니다. 성경 다른 부분과 마찬가지로 주님의 십자가를 통한 구속을 말하고 있습니다.

11 마무리 하면서 우리를 구속하신 그리스도의 대속의 사랑과 주권을 찬양합시다. 적절한 찬송을 골라 함께 부릅시다.

열째마당

교회가
성전입니다

고린도후서 6:14~18

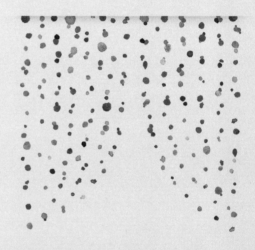

고린도후서 6:14~18

^{14}너희는 믿지 않는 자와 멍에를 함께 메지 말라 의와 불법이 어찌 함께 하며 빛과 어둠이 어찌 사귀며 ^{15}그리스도와 벨리알이 어찌 조화되며 믿는 자와 믿지 않는 자가 어찌 상관하며 ^{16}하나님의 성전과 우상이 어찌 일치가 되리요 우리는 살아 계신 하나님의 성전이라 이와 같이 하나님께서 이르시되 내가 그들 가운데 거하며 두루 행하여 나는 그들의 하나님이 되고 그들은 나의 백성이 되리라 ^{17}그러므로 너희는 그들 중에서 나와서 따로 있고 부정한 것을 만지지 말라 내가 너희를 영접하여 ^{18}너희에게 아버지가 되고 너희는 내게 자녀가 되리라 전능하신 주의 말씀이니라 하셨느니라

교회가
성전입니다

● 고린도후서 6:14~18

　'지성전(支聖殿)'이라는 말을 들어보셨습니까? 서울에 있는 교회가 멀리 경기도에 있는 교인들을 위해서 지점을 냅니다. 그래서 원교회는 그냥 성전이고 지점들은 지성전이라는 기괴한 이름을 붙여서 문어발식 기업(?) 확장을 합니다. 이 지성전에는 '본 성전'에서 드리는 예배를 그대로 위성중계를 합니다. 교인들은 화면만 들여다 보면서 설교를 듣습니다. 하긴 어차피 본 교회를 가도 사람이 워낙에 많아서 목사 얼굴을 보면서 예배에 임하는 사람은 몇 없고 다들 대형 화면을 보면서 설교를 들으니까 지성전이나 본 성전이나 마찬가지라고들 말합니다.

　몇 년 전에는 이 지점들을 전부 독립 시켰다고 합니다. 그러나 완전한 독립인지에 대해서는 의구심이 남습니다. 지성전이란 용어는 쓰지 않지만 지역명을 붙여서 광명성전, 시흥성전 등으로 부르는 교회들도 있습니다.

'지교회'라는 이름으로 문어발을 만드는 교회들도 있습니다. 수양관이란 이름의 지점을 낸 교회도 마찬가지입니다. 수양관이 우리가 아는 기도원 내지는 목회자를 위한 휴식처라기보다는 사실상 지성전 수준인 경우도 있습니다. 이름만 좀 다를 뿐입니다.

알고 계십니까? 성전이란 지상(地上)에 하나 밖에 있을 수 없습니다. 성전이나 제단이 두 개가 되는 순간에 하나님의 이름이 모독을 받게 되며, 이스라엘이 이스라엘로 존재하기가 힘이 듭니다. 여호수아 22장을 보면 이에 대한 경고를 들을 수 있습니다. 이스라엘 백성이 가나안 땅을 정복하고 그 땅에 정착할 때 요단강 동편에 땅을 배정받은 이스라엘 백성이 요단 서편 정복을 함께 마치고 돌아가다가 요단강가에 기념탑을 세웠습니다. 이 일을 전해들은 이스라엘 수뇌부와 나머지 이스라엘이 발칵 뒤집혔습니다. 온 백성이 모여서 단을 쌓은 백성들과 전쟁을 할 태세였습니다. 이에 대제사장 비느하스를 대사로 파견해서 사태의 진상을 파악하려 했습니다. 단을 쌓은 요단 동편 백성들이 이 비느하스 앞에서 자기들의 행동이 '다른 단'을 쌓으려는 것이 아님을 길게 변명합니다. 직접 들어봅시다. 29절입니다.

우리가 번제나 소제나 다른 제사를 위하여 우리 하나님 여호와의 성막 앞에 있는 단 외에 단을 쌓음으로 여호와께 패역하고 오늘날 여호와를 좇음에서 떠나려 함은 결단코 아니니라 하리라.

성전이나 성막은 단 하나뿐이어야 합니다. 둘이 되면 큰일 납니다. 이 사건은 하나님을 만나는 집은 하나뿐임을 보여줍니다. 결국 여기서 도출되는 결론이 '하나님을 만나는 유일한 길은 예수님 뿐'입니다.

그래서 예배당을 성전이라고 부르는 것은 위험합니다. 그런데 예배당을 성전이라고 부르는 것도 모자라 지성전이라는 괴이한 이름을 붙이면서 아무렇지도 않아합니다. 그게 무슨 문제냐는 듯한 표정을 짓습니다. 안타깝기 이를 데 없습니다.

경기도의 한 기도원을 갔었습니다. 마당에서 이층 예배실로 올라가는 계단에 '대성전'이라는 팻말이 붙어 있었습니다. 제일 큰 예배실이라는 뜻이려니 했습니다. 사실 성전이라는 용어가 기도원에서 더 많이 쓰이고 있는 걸 모르지 않았습니다. 일층 로비로 들어가니 사무실이 있고 그 옆에 나란히 방 둘이 있었습니다. 이 두 방에도 성전이라는 이름이 붙어 있었습니다. 바울 성전, 베드로 성전. 그냥 소예배실 정도이려니 하면서도 궁금증을 못 이겨 제 오른손에 가까운 '바울 성전'의 문을 열었습니다. 그 순간 저는 큰 소리로 웃지 않을 수 없었습니다. 그 방은 그리 크지 않았는데, 그 안에는 딱 한 가지 기구 밖에 없었습니다. 그건 바로, 탁구대였습니다. 아니 세상에! 탁구와 성전이 무슨 상관이 있는지! 배를 잡고 웃었습니다. 성전과 성경에 대해서 얼마나 무지한 지를 단적으로 보여주는 예라 할 수 있습니다. '성전과 성경에 대해 무지하다?' 이것은 결국 하나님을 모른다는 의미일 수도 있지 않을까요?

강해

본문은 언약과 성전에 관해 대단히 중요한 가르침을 요약해서 전해주고 있습니다.

의와 불법, 빛과 어두움이 함께 있을 수 없듯이, 성전과 우상이 하나가 될 수 없듯이 성도들은 불신자와 멍에를 같이 멜 수 없다고 사도 바울은 말합니다. 그러면서 우리는 하나님의 성전이라고 선언합니다. 그 근거로 구약의 성경 몇 구절을 인용합니다. 그 구약본문에 비추어서 오늘 본문을 살펴보겠습니다.

오늘 주제를 요약하자면 이렇습니다. 교회는 하나님의 성전입니다. 하나님께서 그 안에 와서 거하시고 함께 길을 가시겠다고 약속하셨기 때문입니다. 그 약속은 예수님께서 이 땅 위에 오심으로 성취되었습니다. 그리고 그 약속은 예수님의 영께서 교회에 오심으로써 계속 지켜집니다. 그래서 삼위 하나님께서 교회 안에 계십니다. 이 성전은 거룩하게 유지되어야 합니다. 그래서 우리는 부정한 사람과 부정한 일에서 멀어져야 합니다.

그러므로 성전은 임마누엘 약속의 성취입니다. 성전은 곧 예수님이라는 결론이 여기서도 그대로 유지됩니다.

1. 교회는 하나님께서 와 계시기 때문에 성전입니다.
2. 성전은 거룩하게 유지되어야 합니다.
3. 성전의 성취는 곧 언약의 성취입니다.

1. 교회는 하나님께서 와 계시기 때문에 성전입니다.

하나님께서는 당신의 백성들과 함께 하기를 즐겨하십니다. 에덴에서부터 그랬습니다. 범죄한 이스라엘을 버리지 않으시고 결국 그들과 함께 하심을 보여주시기 위해서 그 백성들 한복판에 자리 (시은좌)를 만드셨습니다. 그들 사이에 텐트를 치셨습니다. 그 성막 안에 친히 거하시겠다고 약속하십니다. 출애굽기 29:45을 봅시다.

> 내가 이스라엘 자손 중에 거하여 그들의 하나님이 되리니

성막의 목적은 그들과 함께 계심을 보여주심과 동시에 그들의 하나님이 되시겠다는 언약의 선언입니다.
　레위기 26:11-12에도 이 선언이 반복됩니다.

> 내가 내 장막을 너희 중에 세우리니 내 마음이 너희를 싫어하지 아니할 것이며 나는 너희 중에 행하여 너희 하나님이 되고 너희는 나의 백성이 될 것이니라.

역시 성전을 통한 임마누엘의 약속과 '나는 너희 하나님이 되고 너희는 내 백성이 될 것이다'는 언약이 반복됩니다.
　주목해 볼만한 표현이 하나 있습니다. 고린도후서 6:16은 레위기 26:12을 반영하고 있습니다. 고린도후서에 '두루 행한다'는 말과 레위기의 '행한다'는 말을 주목해 봅시다. 이 단어는 창세기 3:8 (동산에 거니시는 여호와 하나님)의 '거니신다'와 같은 말입니다. "나는야 친구 되신 예수님과 푸른 초장 한 없이 거니네." 할 때의 그 '거닌다'는 말입니다. 하나님께서 에덴 동산에서 아담과 하와를 데리고 산책하시듯이 그렇게 이스라엘 가운데 사시면서 그들과 산책하

시면서 사랑을 속삭이시겠다는 약속입니다. 하나님께서 이스라엘 가운데 텐트를 치시고 와서 같이 사시겠다는 말입니다. 하나님의 성막이 이스라엘 진 한복판에 있듯이 하나님께서 언제나 그들과 함께 계시면서 그들과 같이 다니시겠다고 약속하십니다.

에스겔 선지자의 시대로 가 봅시다. 이 시대는 이스라엘이 망해서 바벨론에 포로로 끌려갔을 때입니다. 모세 시대에 만들어진 성막 대신 다윗 왕 시대를 거쳐 그 아들 솔로몬 때에 이르러 성전을 화려하게 지었습니다. 하지만 이 화려한 황금성전이 바벨론의 침략으로 불타 없어지게 됩니다.

하나님께서 이스라엘 가운데 거하시겠다는 레위기의 약속이 깨진 셈입니다. 하나님께서 약속을 못 지키신 것이 아니라, 이스라엘 백성들이 이 약속을 어김으로써 징벌을 받아 그런 일이 생겼습니다. 그래서 바벨론이라는 나라에 끌려가서 고국과 하나님의 성전이 있던 그 예루살렘을 그리워하면서 눈물로 노래를 부릅니다(시편 137). 이 때 하나님께서 에스겔 선지자를 통해서 다시 약속을 하셨습니다. 내 성소를 그들 가운데 세울 것이다. 내가 그들의 하나님이 될 것이다. 에스겔 37:24-28입니다.

> 내 종 다윗이 그들의 왕이 되리니 그들에게 다 한 목자가 있을 것이라 그들이 내 규례를 준행하고 내 율례를 지켜 행하며 내가 내 종 야곱에게 준 땅 곧 그 열조가 거하던 땅에 그들이 거하되 그들과 그 자자 손손이 영원히 거기 거할 것이요 내 종 다윗이 영원히 그 왕이 되리라 내가 그들과 화평의 언약을 세워서 영원한 언약이 되게 하고 또 그들을 견고하고 번성케 하며 내 성

소를 그 가운데 세워서 영원히 이르게 하리니 내 처소가 그들의
가운데 있을 것이며 나는 그들의 하나님이 되고 그들은 내 백성
이 되리라 내 성소가 영원토록 그들의 가운데 있으리니 열국이
나를 이스라엘을 거룩케 하는 여호와인줄 알리라 하셨다 하라

이 말씀에서 성전과 언약이 반복되고 있습니다. "거한다. 내 처소
가 그들 가운데 있다." 이런 표현이 계속 됩니다. 임마누엘의 약속
이 이처럼 강조되어 있습니다. 그리고 "나는 그들의 하나님, 그들
은 내 백성"이라는 언약 또한 반복됩니다.

이 약속은 나중에 이스라엘 백성이 바벨론에서 돌아와 예루
살렘 성전을 재건함으로써 성취됩니다. 많은 어려움 가운데 예루
살렘의 성전을 다시 지었습니다. 이 성전이 중간에 문제가 생겨서
다시 보수하는 등의 과정을 거치기는 하지만 예수님 시대까지 지
속됩니다.

하지만 이 성전이 에스겔을 통해서 하신 약속의 전부는 아니
었습니다. 이 성전도 결국에는 주께서 승천하신 후 약 40년 후에
무너지고 맙니다. 에스겔을 통해서 주신 약속은 또다시 무너지고
마는 것입니까?

하지만 낙심할 필요가 없습니다. 하나님께서 진정 텐트를 치
고 사시는 곳은 '하나님의 백성들 가운데', 즉 교회 안입니다. 에
스겔 선지자를 통해서 주신 예언처럼 여기가 영원한 하나님의 성
소, 하나님의 처소가 됩니다. 어디가 영원한 성전일까요? 바로 교
회입니다.

이처럼 성전은 '우리와 함께 하시는 하나님'을 보여줍니다. 이

하나님을 '임마누엘'이라 부릅니다. 이 임마누엘은 예수님의 아호(雅號)이기도 합니다(마태복음1:23 참조). 예수님은 우리 가운데 텐트를 치고 사셨습니다. 요한복음 1:14은 이 사실을 증언해줍니다.

> 말씀이 육신이 되어 우리 가운데 거하시매 우리가 그 영광을 보니 아버지의 독생자의 영광이요 은혜와 진리가 충만하더라
>
> (개역 요 1:14)

'거하신다'는 이 말이 하나님께서 이스라엘 백성들 가운데 텐트를 치고 계셨음을 묘사하는 말입니다. 그러니 육체를 입고 오신 예수님께서 바로 성막/성전의 성취입니다.

이 예수님께서는 제자들과 함께 계시지 않고 승천하셨으므로 그들을 떠나신 것 같지만 사실 당신의 성령님을 통해서 이들을 고아와 같이 버려두지 않으시겠다는 약속을 지키십니다(요 14:18). 지금도 당신의 교회에 성령께서 함께 계시기 때문에 임마누엘의 약속은 여전히 지키고 계십니다.

사도 바울은 구약 성경을 인용하면서 이 임마누엘의 약속이 곧 교회로 이어진다고 말합니다.

16절을 보면 '우리가 히나님의 성전'이라고 말하고 있습니다. 주목해야 할 사실이 있습니다. 이 말씀을 "우리 각자의 마음에 성령께서 와 계시니까 우리 각자가 다 성전이다."라는 뜻으로 오해할 가능성이 있어 보입니다. 여기서 '성전'은 단수입니다. 하나의 성전을 뜻합니다. 우리 모두가, 교회가 하나의 성전을 이루고 그 안에 삼위 하나님께서 임재해 계신다는 뜻입니다. 다시 말하면 삼

위 하나님께서는 교회에 계십니다. 성령님의 강림과 임재를 논할 때도 이 점을 간과해서는 안 됩니다. 성령님은 교회에, 교회를 위해서 와 계십니다. 이 점을 놓치기 때문에 소위 '성령 운동'이 교회 내에 혼란을 초래합니다.

이제 성경 마지막 책의 마지막 대목 요한계시록 21장으로 가 보겠습니다. 여기서 사도 요한은 천국의 아름다움을 이렇게 묘사하고 있습니다.

> 내가 들으니 보좌에서 큰 음성이 나서 가로되 보라 하나님의 장막이 사람들과 함께 있으매 하나님이 저희와 함께 거하시리니 저희는 하나님의 백성이 되고 하나님은 친히 저희와 함께 계셔서 모든 눈물을 그 눈에서 씻기시매 다시 사망이 없고 애통하는 것이나 곡하는 것이나 아픈 것이 다시 있지 아니하리니 처음 것들이 다 지나갔음이러라. (3, 4절)

이 본문은 흔히 장례식에서 더 이상 사망과 슬픔이 없는 천국을 설명하기 위해서 인용합니다만 이 본문의 핵심은 당신의 백성과 함께 하시는 하나님의 사랑입니다. 이 본문에서도 임마누엘의 약속과 함께 '나는 그들의 하나님이 되고, 그들은 내 백성이 된다'는 언약을 확증해주십니다. 이 세상 마지막에 이뤄진 교회, 최종적으로 승리한 교회가 누리는 최고의 은총 역시 '우리와 함께 하시는 하나님'입니다.

이처럼 성전에 관한 모든 약속에는 언제나 당신의 백성과 함께 하시고 싶어 하시는 사랑의 하나님이 등장합니다. 그러므로 성전은 사랑의 설레임이 있습니다.

2. 그러므로 성전인 교회는 거룩해야 합니다.

성전은 하나님께서 거하시는 집입니다. 하나님께서는 어디에나 계시지만 특별히 당신의 백성과 함께 하심을 보여주시기 위해 지은 집이 성전입니다. 그래서 성전은 하나님께서 거하시는 집이며 거룩한 집입니다.

신약에서는 교회가 성전입니다. 이 성전에 주께서 와 계십니다. 그러므로 교회는 거룩해야 합니다. 17절 말씀을 함께 봅시다.

> 그러므로 주께서 말씀하시기를 너희는 저희 중에서 나와서 따로 있고 부정한 것을 만지지 말라 내가 너희를 영접하여

이 말씀은 이사야 52:11을 인용하고 있습니다.

> 너희는 떠날지어다 떠날지어다 거기서 나오고 부정한 것을 만지지 말지어다 그 가운데에서 나올지어다 여호와의 기구를 메는 자들이여 스스로 정결하게 할지어다

이 역시 예루살렘 성전의 회복에 대한 예언입니다. 이제 성전이 회복될 것이므로 성전의 기구를 메고 옮겨야 하는 제사장들은 자신을 정결하게 하라는 말씀입니다.

사도 바울이 이 말씀을 교회에 적용시키고 있습니다. 거룩한 제사장같은 성도들(벧전 2:9)은 부정한 것을 멀리하고 거룩을 유지하라

고 명하고 있습니다. 이 세상과는 구별되라고 말합니다.

교회들이 세상과 같아지지 못해서 안달하는 모습을 간혹 보게 됩니다. 성탄 때가 되면 빠지지 않고 나오는 뉴스가 있습니다. 바로 불교계에서 성탄 축하 메시지를 발표하는 대목입니다. 조계사에 성탄 트리를 세웠다고 난리 법석입니다. 이러면 일부 교회들이 사월초팔일에 축하 메시지를 내놓습니다. 교회가 세상과 어깨를 나란히 하지 못해서 아주 안달을 합니다. 평화를 위해서 교회가 노력하는 모습을 세상이 칭찬한다고 아주 난리를 피웁니다.

성경은 분명하게 말합니다. 하나님께서 사람들과 함께 계시기 힘들어졌습니다. 알레르기가 옵니다. 그럼에도 불구하고 하나님께서는 당신의 백성들과 함께 계시고 싶어 하십니다. 그래서 땅 위의 자기 백성들 틈에 와서 사십니다. 죄인인 인간이 하나님께 나아올 수 있는 길을 여시기 위해서 성전 마당 입구에 번제단을 두셨습니다. 이런 식으로 하나님은 당신의 백성들 가운데 와 계십니다.

그러니 성전의 핵심은 어떻게 우리가 하나님과 함께 있으며, 하나님께 코드를 맞출 것인가에 있습니다. 따라서 성전인 교회는 세상과는 철저히 다르면서 하나님과 같아지려는 노력, 다시 말해서 거룩해지려는 노력을 멈춰서는 안 됩니다.

그래서 주님은 "거기서 나와라, 더러운 것은 만지지도 말라"고 하십니다.

3. 성전의 성취는 언약의 완성입니다.

언약이란 "나는 너희 하나님이 되고 너희는 내 백성이 된다."는 하나님의 약속입니다. 이 약속이 신약으로 넘어오면서 "나는 너희 아버지가 되고 너희는 내 자녀가 된다."로 한 발짝 더 나아갑니다. 그래서 예수님께서 당신의 아버지 하나님을 우리도 '아버지'로 불러 기도하라고 가르쳐 주셨습니다. 그래서 사도신경도 첫 구절에서 이 신앙을 정확히 고백하고 있습니다.

> 나는 전능하신 하나님 아버지, 천지의 창조주를 믿습니다.
>
> (여기서 '전능하신'이란 수식어는 창조주가 아니라 아버지를 수식하고 있습니다. 이 점에서 통일찬송가에 수록된 사도신경보다 새 찬송가의 사도신경이 더 정확한 것 같습니다.)

이렇게 신약의 언약은 부자 관계로 설명되고 있는데 바울은 그 근거를 다윗 언약에서 찾고 있습니다. 18절로 가보겠습니다.

> 너희에게 아버지가 되고 너희는 내게 자녀가 되리라 전능하신 주의 말씀이니라 하셨느니라

이 말씀은 하나님께서 다윗 왕에게 하신 말씀이었습니다. 다윗이 노년에 하나님께 하나님의 집을 지어 바치겠다고 말씀을 드렸습니다. 하나님께서는 다윗에게 '내가 네게 집을 지어주겠다'고 하셨습니다. 다윗이 지어 바치겠다는 집은 성전이었습니다. 하나님께서 다윗에게 지어주시겠다고 한 집은 왕가(王家), 왕조(王朝)를 의미합니다.

하나님께서 다윗의 뒤를 이을 아들이 하나님께 성전을 지어바치는 것을 허락하겠다고 약속하셨습니다. 그러면서 그 아들에게 하나님께서는 언제나 아버지가 되어 주실 것을 약속하십니다.

사도 바울이 이 말씀을 오늘 "교회가 성전이다"는 주제를 설명하면서 인용하고 있는 이유를 생각해 보아야 합니다. 하나님의 참 성전인 이 교회는 곧 하나님의 자녀들의 모임입니다. 하나님께서는 솔로몬을 아들 삼으시겠다고 약속하셨습니다. 뿐만 아니라 이 왕이 하나님 앞에 바르게 서면 그 모든 백성이 하나님의 자녀가 됩니다. 그래서 이 약속은 모든 하나님의 백성에게로 확대되었습니다. 사도 바울을 통해서 우리는 하나님께서 다윗에게 하신 약속이 우리의 것이 되었음을 선포하고 있습니다.

성전이 우리에게 가르쳐 주는 바는 다시 강조하거니와 임마누엘입니다. 이 임마누엘의 약속에는 언제나 "나는 너희 하나님, 너희는 내 백성"이라는 약속이 따라 옵니다. 그리고 마침내는 나는 너희의 아버지가 되고 너희는 내 자녀가 된다는 약속으로 승화됩니다. 성전을 통해서 약속하신 바와 함께 이 "아버지 약속"도 성취됩니다.

동지 섣달 꽃 본 듯이…

17절 끝부분에 보면 '내가 너희를 영접하여'라는 말씀이 있습니다. 이 말씀은 에스겔 20:41의 한 부분을 인용하고 있는데, 표현이 아주 감동적입니다.

> 내가 너희를 인도하여 열국 중에서 나오게 하고 너희의 흩어진 열방 중에서 모아 낼 때에 내가 너희를 향기로 받고

이 '받고'라는 말을 고린도후서 본문에서는 '영접하여'로 번역했습니다. 여기서 '향기로 받는다'는 표현을 주목합시다. 설명하자면

'향수인 듯이 받아 주겠다'는 말입니다. 향이 좋은 꽃인 듯이 받아 주신다는 뜻입니다.

우리 민요 중에 아주 감동적인 사랑 노래를 무슨 시비조 비슷하게 부르는 노래가 있죠.

"날 좀 보소. 동지 섣달 꽃 본 듯이 날 좀 보소."

이 노래를 아리따운 아가씨가 사랑하는 남자에게 부른다고 가정을 해 봅시다. 이건 좀 심하죠. 가사를 그냥 읽어서는 이게 왜 심한지 알기 어렵죠. 한번 불러보십시오. 사랑 노래치고 얼마나 거친 노래인지 알 수 있습니다.

하나님께서 우리를 받아들이시되, 영접하시되 동지섣달 꽃 본 듯이 맞아주시고, 그리고 18절로 이어집니다. '너희에게 아버지가 되어 주리라.' 내가 너희를 동지 섣달 꽃보다 더 귀하게 받아 안아 주고 너희 아버지가 되리라.

성전의 결론은 이처럼 우리의 아버지가 되어 주셔서 우리를 사랑해주시겠다는 하나님의 자애, 인애, 사랑, 헤세드입니다. 성전은 그래서 '하나님의 사랑'입니다. 성전은 우리의 가슴을 설레게 합니다.

적용

성전이 얼마나 가슴 설레는 하나님의 사랑이 묘사되고 있는지 아시겠습니까? 성전을 통해서 부르시는 하나님의 사랑의 노래가 들리십니까? 성경 전체를 흘러내려 오면서 성전과 관련된 구절마다 얼마나 애틋한 하나님의 사랑이 그려지고 있는지 보이십니까? 이래도 '성전' 얘기만 나오면 가슴 답답하십니까?

우리와 같이 계시고 싶어 하시는 삼위 하나님의 사랑을 찬양합시다. 성찬의 상에 나아올 때마다 이 사랑을 노래합시다. 우리 '안에' 들어오고 싶어 하심이 성찬에서 잘 드러나고 있지 않습니까?

이는 특히나 성육신에서 잘 나타납니다. 또한 당신을 대신해서 우리에게 성령님을 보내심으로써 그 사랑이 증명됩니다. 결국 재림의 핵심도 우리와 같이 계시고 싶어 하시는 주님께서 다시 오심이 아닐까요? 우리는 정말 그 주님과 함께 하고 싶어합니까?

한 가지 더 짚고 넘어갑시다. 교회는 거룩해야 합니다. '내가 거룩하니 너희도 거룩하라'는 말씀대로 교회는 거룩함을 유지해 나가야 합니다. 세상과 같아지고 비슷해지느라고 '수고하고 무거운 짐'을 지고 있어서는 안 됩니다. 정말 거룩하신 주님과 비슷해지기 위해서 교회는 수고를 멈추지 않아야 합니다.

열 번째 마당에서는 살펴보고자 하는 본문에 구약이 많이 인용되어 있습니다. 인용된 구약 본문을 자세히 살피면 보다 더 깊은 교훈을 얻을 수 있습니다.

1 여호수아 22장

먼저, 성전은 하나뿐이어야 한다는 사실을 보여준 여호수아 22장부터 봅시다. 요단강변의 돌탑 때문에 내전(內戰)이 벌어질 뻔한 일이 있었습니다. 이 일을 두고 이스라엘이 매우 놀랐습니다. 왜냐하면 여호와의 단 이외에 다른 단을 쌓는 것은 여호와를 _____ 하는 일이며 이스라엘 전체를 _____ 하는 일입니다(19절).

이때는 여호수아가 살아있었습니다. 그리고 이 일에 대제사장 비느하스가 이스라엘 대표로 요단강 동편 사람들이 단을 쌓은 현장에 갔습니다. 문제의 심각성을 이 영적인 지도자들은 파악하고 있었습니다. 왜 온 이스라엘은 이 일에 이렇게 민감했을까요? 그 사실이 우리에게 주는 교훈은 무엇입니까?

2 출애굽기 29:38-46

하나님께서 어디에서, 어떤 일이 벌어지는 곳에서 이스라엘을 만나겠다고 하십니까?

회막(성막)이 거룩하게 되는 것은 무엇 때문입니까? 43절을 자세히 살펴보시고 답해 봅시다.

하나님께서 이스라엘을 애굽 땅에서 인도해 내신 목적은 무엇입니까?

위 질문에 비추어 생각해 봅시다. 출애굽은 예수님을 통한 우리의 구원에 대한 예표 혹은 모형입니다. 그렇다면 하나님께서는 왜 우리를 구원하셨습니까?

3 레위기 26:11-13

이 본문에서도 '언약과 성막'의 연계가 드러납니다. 13절을 보면 '너희의 하나님'이 되어 주겠다고 하신 하나님은 어떤 하나님이십니까? 능력과 사랑이 어떻게 설명되어 있습니까?

4 에스겔 37: 24-28

이 말씀에서는 메시아에 대한 구체적인 예언이 나옵니다.

그 전에 먼저 하나님께서 하나님의 백성들 안에 와서 계시겠다는 표현이 세 번 등장합니다. 찾아 적어봅시다.

이 본문에서 언약 문구를 찾아봅시다.

5 요한계시록 21:3-4

요한계시록 역시 특별하고 괴상한 내용을 전하는 책이 아님을 이 본문을 통해서 쉽게 느낄 수 있습니다. 계시록 역시 '성전과 언약'이라는 성경 전체의 주제를 담고 있습니다. 제시한 본문에서 다음 내용을 찾아봅시다.

성전 관련 구절 / _____

임마누엘 구절 / _____

_____ (두 번 나오죠.)

언약 문구 / _____

(언약 문구가 두 가지 중 한 가지만 나오네요.)

6 이처럼 성전 약속(임마누엘의 약속)은 언약 문구인 '나는 네 하나님, 너는 내
백성'과 함께 등장합니다. 하나님께서 성전을 통해서 우리의 하나님이 되
고 싶어 하심을 보여줍니다. 이처럼 성전은 우리를 설레게 하는 하나님의
_____ 의 표현입니다.

7 이 언약은 신약 시대 버전으로는 이렇게 승화됩니다. 고린도후서 6:18입니다.

너희에게 _____ 가 되고 너희는 내게 _____ 가 되리라 전능하
신 주의 말씀이니라 하셨느니라.

8 성전 문제에서와 마찬가지로 '부자(父子) 언약' 역시도 그리스도 없이는 생
각할 수 없습니다. 하나님은 예수님의 아버지이십니다. 그러기에 예수 안
에 있는 사람만 하나님을 아버지라 부를 수 있습니다. 그래서 사도들은 하
나님을 간혹 '예수님의 아버지'라고 말합니다.

베드로전서 1:3을 예를 들어 봅시다.
우리 주 _____ 의 아버지 하나님을 찬송하리로다 그의 많으신
긍휼대로 예수 그리스도를 죽은 자 가운데서 부활하게 하심으로 말미암아
우리를 거듭나게 하사 산 소망이 있게 하시며

9 하나님께서는 아버지로서 우리 곁에 계시며 지켜주시고 사랑하시고 싶어
하십니다. 이 하나님의 사랑에 그분의 자녀들은 어떻게 반응해야 할까요?
이 점을 마지막 열한 번 째 마당에서 살펴보기로 합시다.

마지막마당

성전을
사모하는 마음

시편 84:1~12절

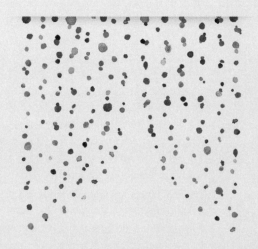

시편 84:1~12절

¹만군의 여호와여 주의 장막이 어찌 그리 사랑스러운지요 ²내 영혼이 여호와의 궁정을 사모하여 쇠약함이여 내 마음과 육체가 살아 계시는 하나님께 부르짖나이다 ³나의 왕, 나의 하나님, 만군의 여호와여 주의 제단에서 참새도 제 집을 얻고 제비도 새끼 둘 보금자리를 얻었나이다 ⁴주의 집에 사는 자들은 복이 있나니 그들이 항상 주를 찬송하리이다 (셀라) ⁵주께 힘을 얻고 그 마음에 시온의 대로가 있는 자는 복이 있나이다 ⁶그들이 눈물 골짜기로 지나갈 때에 그 곳에 많은 샘이 있을 것이며 이른 비가 복을 채워 주나이다 ⁷그들은 힘을 얻고 더 얻어 나아가 시온에서 하나님 앞에 각기 나타나리이다 ⁸만군의 하나님 여호와여 내 기도를 들으소서 야곱의 하나님이여 귀를 기울이소서 (셀라) ⁹우리 방패이신 하나님이여 주께서 기름 부으신 자의 얼굴을 살펴 보옵소서 ¹⁰주의 궁정에서의 한 날이 다른 곳에서의 천 날보다 나은즉 악인의 장막에 사는 것보다 내 하나님의 성전 문지기로 있는 것이 좋사오니 ¹¹여호와 하나님은 해요 방패이시라 여호와께서 은혜와 영화를 주시며 정직하게 행하는 자에게 좋은 것을 아끼지 아니하실 것임이니이다 ¹²만군의 여호와여 주께 의지하는 자는 복이 있나이다

성전을
사모하는 마음

시편 84:1~12절

우리는 여러 달 동안 성전이 무엇인가, 성전이 오늘날 존재하지 않는 상황에서 우리에게 어떤 의미가 있는 것인가를 살펴봤습니다. 이제 오늘 설교를 통해서 성전에 관해 우리가 어떤 마음을 가져야 하는가를 정리함으로써 이 긴 성전시리즈 설교를 마무리 짓고자 합니다.

오늘 본문 말씀을 읽어보면, 읽고 조금만 생각해 보면 이 어마어마한 신앙의 고백 앞에서 우리는 부끄러워질 수밖에 없습니다. 성전이 무엇이냐를 생각할 때마다 가장 먼저, 생각해야 할 점, 가장 중요한 문제는 '성전은 하나님께서 당신의 백성과 함께 하시고 싶어 하신다'는 사실입니다. 이것을 히브리말(이스라엘 언어)로 '임마-누-엘'이라고 합니다. 우리와 함께 하시는 하나님이시라는 뜻입니다. 그런데 문제가 있습니다. 거룩하신 하나님께서 전혀 거룩하지 못한, 거룩할 수 없는 인간들과 함께 계시면 알레르기가 생깁니다. 인간은 하나님을 만날 수가 없고, 하나님 앞에 나아갈 수가 없습니다. 이 문제를 해결하시기 위해서 성전 마당 입구에는 번제단이 세워져 있습니다. 이 번제단에서 피의 제사를 드리고, 속죄의 피를 흘린 후에 하나님께 나아갈 수 있다는 사실을 우리는 배우게 됩니다.

"하나님은 우리와 함께 계시고 싶어 하신다." 그러한 그 분의 성품은 예수님께서 사람의 몸을 입고 사람들 틈에 오심으로써 이루어졌습니다. 임마누엘이신 예수님, 다르게 말하면 성전이신 예수님이십니다.

뿐만 아니라 이 하나님께서는 교회에 임재하여 계십니다. 그래서 교회가 성전입니다. 거듭 말씀드리거니와 '교회당이 성전이다'라고 말하면 예수님께서 하나님께로 나아가는 유일한 길이시다는 진리를 훼상시킬 염려가 있는 위험한 발상이므로 언제나 그 표현만큼은 조심해야 한다는 사실도 다시 강조하고 싶습니다. 교회당이 아닌 교회가 성전입니다.

강해

오늘 본문의 말씀, 이 귀한 시(詩), 귀한 기도문의 제목을 '성전을 사모하는 마음'이라고 붙여 봤습니다. 성전을 사모한다는 말의 의미가 무엇인지를 우리는 지난 몇 달 동안 살펴본 내용을 토대로 해서 생각해 보려고 합니다. 이 시인이 하나님의 장막을 사모해서 노래하는 이 노래의 분위기를 저는 '설렘'으로 요약해 보았습니다. 이 시인은 하나님의 성전을 생각하면서 설레는 마음을 가누지 못해서 이 시처럼 기도하고 노래하고 있습니다.

오늘 두 가지를 생각해 보려고 합니다.

> 1. 성전을 향한 성도의 설렘
> 2. 성전을 사모하는 성도가 누리는 복

1. 성전을 향한 성도의 설렘

이 시는 성전을 향해 올라가는 이스라엘 사람들의 마음을 노래하고 있습니다. 이스라엘 백성들은 유월절이나 또는 오순절, 장막절 같은 명절이 되면 모두가 다 예루살렘에 있는 성전으로 갔었습니다. 그런데 성전으로 올라가는 길이 요즘처럼 차 타고, 또는 적어도 말을 타고, 마차를 타고 가는 길이 아니기 때문에 때로는 어렵고 불편함이 많았을 거라고 쉽게 짐작할 수 있습니다. 하지만 이스라엘 사람들은 1년에 세 차례씩 하나님 앞에 나아갔습니다. 의무였습니다. 하나님의 명(命)이었습니다. 그런데 이 시인은 그 성전을 향할 때마다 그 마음이 얼마나 설레었는지를 잘 보여주고 있습니다. 1절 말씀을 한 번 볼까요.

> "만군의 여호와여 주의 장막이 어찌 그리 사랑스러운 지요."

하나님의 장막이 사랑스럽답니다. 하나님의 장막을 생각하면 사랑하는 마음이 일어나서 설렌다고 노래하고 있습니다. 본문을 살펴보면, 이 성전을 표현하고 있는 여러 가지 표현이 다르게 나오고 있는 것을 볼 수가 있습니다. 한번 볼까요? 1절에 방금 '장막'이라는 단어가 나왔고, 2절에는 이 성막을 뭐라고 부르고 있습니까?

"내 영혼이 여호와의 궁정을…" 그러니까 왕이신 하나님이 사시는 '궁궐'로 표현하고 있습니다. 10절 말씀에도 같은 표현이 있네요. 3절 말씀에 가면 '제단'이라는 단어가 나옵니다. 물론 번제단을 의미합니다. "제단에 참새도 제 집을 얻고 제비도 새끼 둘 보금자리를 얻나이다." 생각해봅시다. 번제단에 참새가 붙어서 살 수 있을까요? 타 죽을텐데요? 그러니까 여기서 '제단'이란 제단으로 대표되는 성전 전체를 의미하는 것이겠지요.

4절 말씀에 보면 '주님의 집'이라고 표현되어 있습니다. 쭉 넘어가서 7절 말씀을 볼까요? 7절 말씀에 성전을 표현하는 단어가 있나요? 있습니까? 바로 '시온'이 성전에 해당됩니다. 이 시온은 성전이 세워져 있는 산 이름입니다. 그러니까 '시온'이 성전을 지칭하는 말입니다. 하나 더 있습니다. 뭘까요? "하나님 앞"이라는 단어입니다. 하나님 앞이 어디를 뜻 합니까? 하나님께서 앉아 계신 보좌, 하나님의 시은좌 앞입니다. 그러니까 이 말도 성전, 성소를 의미하는 단어입니다.

이 시인은 말하고 있습니다. "내가 여호와의 장막을 사랑합니다. 여호와의 장막을 생각하면 가슴이 설렙니다." 2절 말씀에 보면 '그 여호와의 궁정을 그가 사모하기에…', 어떻게까지 됐다고 말하고 있습니까? 쇠약해졌다고 합니다. 그 영혼이 쇠약해졌답니다. 영혼이라는 말은 우리가 알고 있는 영혼이라는 뜻이기 보다 그의 전부를 의미할 때가 더 많습니다. 목숨입니다. 생명입니다. '내 생명이 여호와의 궁정을 사모해서, 하나님께서 왕으로 좌정해 계시는 그 곳이 그리워서 병이 나기까지 했습니다.'라고 말합니다. 여기에서 이 시인의 신앙이 절정에 이르고 있는 것을 봄과 동시에 우리는 그 앞에서 부끄러워서 고개를 들기가 힘들어집니다.

지금 피곤하십니까? 바쁘십니까? 몸이 약해져 있습니까? 왜
요? 무엇 때문에요? 왜 피곤하고 바쁩니까? 우리의 육체는 왜 약
해져 있습니까?

오늘 이 시인의 기도에 귀를 기울여 봅시다. 그의 영혼이, 그의
삶이, 그의 전부가 하나님 계신 그곳을 사모하기 때문에 병이 들기
까지 했답니다. 다시 우리 물어보십시다. 피곤하십니까? 바쁘십니
까? 힘이 듭니까? 그러시다면, 하나님께서 여러분을 위로해 주시기
를 저는 기도해야 하겠는데, 하나님께서 우리를 위로해 주실 만큼
우리가 그런 이유로 피곤합니까? 그렇지 못하다면 우리 지금 하나
님 앞에서 그리고 이 시인 앞에서, 아니 무엇보다 주님을 향한 사랑
을 수도 없이 고백했던 우리 자신 앞에서 부끄러워야하지 않을까요.

시인의 찬송을 더 들어봅시다. 10절 말씀입니다.

> 주의 궁정에서 한 날이 다른 곳에서 천 날보다 나은즉 악인의
> 장막에 거함보다 내 하나님 문지기로 있는 것이 좋사오니….

다른 곳에서의 천 날보다, 다른 어떤 즐거움이 있는 그 천 날들보
다 하나님과 함께 하는 하루를 더 좋아하고 있습니다.

'하나님의 성전 문지기', '하나님의 집 문 앞에 서 있는 사람' 으
로 사는 것이 악인들과 같이 사는 것보다 낫다고 외치고 있습니다.
이때가 아직 성전이 지어지기 전이었다면, 성막에 문지기가 따로
있었는지 모르겠습니다. 우리가 쉽게 생각하는 문지기, 경비, 수
위, 이런 의미였을 가능성은 별로 없어 보입니다.

유월절 같은 명절이 되면 모든 이스라엘 사람들이 성전으로 올라갑니다. 성막은 그다지 넓지가 않습니다. 길이가 100규빗, 그러니까 50m가 채 되지 않습니다. 폭은 그 절반입니다. 그러니까 이스라엘 모든 남자들을 수용 할 만큼의 공간은 분명히 안 됩니다. 그러니 성전 앞에 도착한 사람들이 길게 줄을 설 수밖에 없을 것입니다. 들어가서 가족 단위로 제사를 드리고, 아니면 모든 예배에 참석하고 돌아 나오고 다른 가족들이 들어가고 그런 식이었을 겁니다. 그러면 성전 앞에 어쩌면 길게 한참을 줄을 서서 기다려야 될지도 모릅니다.

이런 상황에서 시인은 노래하고 있습니다. 먼 길을 걸어와서 여기까지 왔는데 성전에 들어가지 못하고 줄을 서서 기다리고 있습니다. 이제 내 앞에 서 있는 사람들이 얼마나 남았나, 성전 안의 상황은 어찌 되고 있을까, 발뒤꿈치를 들고 목을 빼서 볼 것 같지 않습니까? '왜 이렇게 줄이 안 줄어들지?' 초조하게 하나님의 성전에 들어가는 시간을 기다리는, 하나님의 문 앞에 서서 문을 지키고 있는 이 시간이 악인들과 함께 편하고 잘 사는 곳에 머물고 있는 그것보다 훨씬 좋다고 고백하고 있습니다.

어떻게 이해하건 좋습니다. 정말 하나님의 집에 문지기가 되던, 아니면 그 성전에 서서 차례를 기다리는 그 상황이던 간에 좌우지간 중요한 사실은 악인들과 더불어 편하게 잘 먹고 잘 사는 그 삶보다는 힘겹게 여기까지 와서 하나님을 향해서 그 몸과 마음이 애가 타고 있는 지금 이 순간이 행복하다고 말합니다. 악인들이 편하게 잘 사는 것을 부러워하기보다는 내가 하나님의 백성으로서 여기까지 힘겹게 발이 부르트도록 걷고 또 걸어와서는 '주님의 전을 향해 목을 빼고 기다리는 이 삶이 좋습니다'라고 고백하는 이 신앙의 고백.

사랑하는 성도여러분, 하나님의 성전이 무엇을 의미하는지를 아는 사람들의 신앙고백이 바로 이와 같아야 하지 않겠습니까?

참새도, 제비도

우리 3절 말씀으로 한번 가볼까요. 또 얼마나 아름다운 고백이 있는지 한번 볼까요.

> 나의 왕, 나의 하나님, 만군의 여호와여
> 주의 제단에서 참새도 제 집을 얻고
> 제비도 새끼 둘 보금자리를 얻었나이다.

이 시인이 하나님을 어떻게 묘사하고 있습니까? '나의 왕'이십니다. 언약의 하나님을 부르고 있습니다. 나의 왕이라는 간단한 말에 언약이 담겨 있습니다. '나는 너희를 지키는 너희 하나님이다'는 언약에 대한 반응으로 '하나님은 나의 왕이십니다'라고 고백하고 있습니다.

또 하나의 표현이 '만군의 여호와'입니다. 모든 임금들 가운데 뛰어난 여호와라는 뜻입니다. 그분이 나의 참 왕이십니다. 이 시인은 하나님을 왕으로, 그것도 모든 왕들 가운데 뛰어난 여호와로 높여 부릅니다. 그리고는 그 분의 집에 있는 놀라운 일을 노래합니다. "참새가 하나님의 집에서 숨을 곳을 찾을 줄 제가 몰랐습니다. 제비가 제 새끼를 낳을 보금자리를 여기서 얻다니 정말 놀랍습니다."

여러분, 여기에 어떤 새들이 등장하고 있습니까? 타조입니까? 독수리입니까? 아니, 적어도 수리매입니까? 부엉이입니까? 약하디 약한, 자그마한 날짐승, 참새와 제비입니다. 이 새들이 하나님의 품으로 뛰어드는 모습을 이 시인은 보고 있습니다. "만군의 여호와의 집에 이 미물들이 들어와서 살다니, 과연…." 그 하찮은 새들이 하나님의 집에 둥지를 트는 모습을 보고 이 시인은 지금 무슨 생각을 하고 있습니까? 수천마리의 참새보다 귀한 하나님의 백성, 그럼에도 불구하고 참새 정도로 비교할 수밖에 없는 연약한 백성들이 하나님 안에서 안식처를 얻을 수 있음을 말씀해 주시기 위해서 이 참새와 제비들이 당신의 집에 거하는 것을 허락하신 듯이 기뻐하고 있습니다.

> "만군의 여호와, 지극히 높으신 무한 광대하신 하나님의 품안에 이 하찮은 인생들도 쉴 수 있습니다."

하나님의 위대하심에 압도되어서 미천한 인생들은 그 앞에서 숨도 제대로 쉴 수 없을 것 같습니다. 하지만 거대한 몸집의 타조가 아니라, 날개를 펼치고 창공에 떠 있으면 짐승들을 긴장시키는 독수리가 아니라 이 하찮은 자그마한 새들이 새끼까지 거기서 키우면서 살게 될 보금자리를 얻는 모습을 보면서 이렇게 노래하고 있는 셈입니다.

> "하나님의 무한 광대하심 안에 이렇듯 세심한 하나님의 사랑이 함께 있는 줄을 저희가 몰랐습니다. 바위를 깨드려 물을 내실 수 있는 전능하신 하나님께서, 홍해바다를 바람으로 갈라 벽처럼 쌓아놓으실 수 있는 전능하신 하나님께서 그 많은 일과 그 크신 일들을 행하시는 가운데 하찮은, 정말 미천하고 비천한, 작은 하나

님의 백성 하나, 그 작은 하나쯤은 잊어버리실 수 있을 것 같은 미미한 존재이지만 절대 그렇지 않으시는 사랑의 하나님이심을 성전에 붙어사는 이 미물들을 통해서 보여주시니 감사합니다."

이 시인이 얼마나 하나님을 그리워하는지, 그가 얼마나 하나님의 전을 사모하고 그 하나님의 전에서 그 영광의 하나님을 뵈옵기를 간절히 원했는지, 와서 보니까 참새가 둥지 튼 것을 보고도 감격스러워서 그 하나님을 찬양하고 있습니다.

시온의 대로

그가 하나님을 얼마나 사모했는지 다음 표현에서 볼 수 있습니다. 5절과 6절 말씀을 보겠습니다.

주께 힘을 얻고 그 마음에 시온의 대로가 있는 자는 복이 있나이다. 저희는 눈물골짜기로 통행할 때에 그곳으로 많은 샘의 곳이 되게 하며 이른 비도 은택을 입히나이다. 저희는 힘을 얻고 더 얻어 나아가 시온에서 하나님 앞에 각기 나타나리이다.

시온의 대로가 무슨 뜻일까요? 시온산에 요즘 우리가 생각하는 대로가 뚫려있었을까요? 터널이 뚫려있었을까요? 아닙니다. 시온을 향해 가는 길을 뜻합니다. 하나님의 전이 있는 그 곳을 향해서 마음의 대로가 있는 사람은 복이 있다고 선언합니다. 그가 눈물골짜기로 통행할 때에 그 곳에 많은 샘이 터져 나오게 한답니다. 여기 '눈물 골짜기'라는 표현을 잘 보셔야 합니다. 지금 우리는 번역된 우리말성경을 가지고 있지만 실제로 옛 날, 몇 천 년 전 언어입니다. 그렇기 때문에 정확히 뭘 의미하는지 찾아내기 어려운 말이 더러 있습니다. 여기 '눈물골짜기'라고 되어있는 이 말은 시온산 가까이에 있는 한 골짜기의 이름이라고 합니다. '바카 골짜기'입니다. 계곡 이름입니다. 그러니까 이 뜻이 바카 골짜기도 될 수 있고 눈물 골짜기도 될 수 있는데, 어느 것이든 상관없습니다. 그러나 이 골짜기는 원래 골짜기, 즉 쉽게 말하면 산 능선 쪽보다 계곡이니까 물이 있을 가능성이 많은데, 물이 없었나 봅니다.

자, 이정도만 이해하시면 됩니다. 핵심은 여기에 있습니다. 마음에 하나님을 향한 시온의 대로가 있는 사람은 이 바카의 골짜기를 지나갈 때 무슨 일이 생긴다 했습니까? 그곳에 많은 샘이 터져 나오게 만들어버린다고 합니다. 오아시스를 만들어낸다는 뜻입니다. 정말 하나님을 향한 마음이 뻥뻥 뚫려있는 사람은 앞에 어떤 장애가 있어도 오히려 그것을 넘어가고 극복해 낼 뿐 아니라 그 메마른 땅을 축복의 땅으로 만들어 버린다는 말입니다. 멋있지 않습니까? 하나님을 만나려는 간절한 열망을 가진 사람은 그 앞을 가로 막는 메마른 골짜기조차도 그냥 샘이 터져 나오게 만들고 강을 만들어 버린답니다. 심지어 '이른 비도 은택을 입힙니다.'

'이른 비'라는 말은 씨를 뿌릴 때 내리는 비를 의미합니다. 이스라엘사람들은 주로 보리와 밀농사를 짓는데, 가을이 파종기입니다. 그러므로 이른 비란 가을비를 의미합니다. 그러니 이 '이른 비'란 때를 따라서 하나님께서 당신의 백성에게 내리시는 은혜를 의미합니다.

자, 우리 이쯤 해놓고 '시온의 대로'라는 말을 다시 조금 더 생각해보십시다. 이 '대로'라는 표현을 볼 때 이 시인이 성전이 있는 시온산으로 오는 길이 편하지 않았음을 암시하고 있습니다. 비록 그 몸은 시온산을 향해 험한 길을 걸어왔을지언정 마음에는 하나님 계시는 곳을 향해 막히는 것 없이 뻥뻥 뚫리는 대로가 있는 사람. 요즘 같으면 이것을 어떻게 표현했을까요? 혹시 이렇게 표현해보면 어떨까요? "마음에 하나님의 보좌를 향해 바로 날아오를 수 있는 비행기가 있는 사람? 하나님을 향해 바로 그 마음을 쏘아 올릴 수 있는 미사일이 장전되어 있는 사람?"

다르게 표현하면 이런 사람들 말합니다. '주변이 아주 시끄럽고 복잡한 상황가운데서도 마음의 창을 닫고 커튼들을 다 내리고 조용히 눈을 감으면 곧바로 하나님께서 내 앞에 계심을 느끼면서 바로 그 분을 향해서 기도를 시작할 수 있는 사람.' '아무리 어렵고 척박한 상황 가운데서도 정말 오아시스 같고 낙원 같은 마음을 늘 갖추고 있는 사람, 하나님을 향한 열정이 있어 언제나 기쁨이 샘솟는 사람'! 비록 그가 예루살렘으로 가는 길이 험하고, 발이 부르트고 있을망정 그 마음에는 하나님을 향해서 아무것도 막히지 않은 뻥뻥 뚫린 시온의 대로가 있어서 언제나 하나님을 뵈올 수 있는 그의 마음을 시인은 그렇게 노래하고 있는 것입니다.

2. 성전을 사모하는 성도가 누리는 복

이 성전을 사모하는 사람들이 누리는 복이 어떠한지 우리는 중간 중간 살펴보았습니다. 앞서 말씀 드린 대로 '이른 비의 은택'이 있습니다. 때를 따라 주시는 은혜, 때를 따라 도우시는 은혜를 경험한다고 말하고 있습니다.

뿐만 아니라 해와 방패가 되어주시는 하나님을 노래하고 있습니다. 11절 말씀입니다.

> 여호와 하나님은 해요 방패시라 여호와께서 은혜와 영화를 주시며
> 정직히 행하는 자에게 좋은 것을 아끼지 아니하실 것임이니이다.

하나님의 전을 사모하고, 그 하나님을 사모하고, 그래서 그 하나님
처럼 정직하게 사는 사람들에게는 모든 좋은 것을 아끼지 않을 것
이라고 말씀하십니다. "좋은 것을 아끼지 않고 주신다." 이 말씀을
읽고 있으면 바로 신약성경 한 구절이 떠오르지 않습니까?

> 자기 아들을 아끼지 아니하시고 우리 모든 사람을 위하여 내
> 주신 이가 어찌 그 아들과 함께 모든 것을 우리에게 주시지 아
> 니하겠느냐(로마서 8:32)

좋은 것 중에 가장 좋은 것, 임마누엘 그 자체이신 당신의 아드님을
주십니다. 아드님도 내어주셨으니 다른 것을 아끼실 리가 있습니까?
이 시인은 이 시를 이렇게 결론을 짓고 있습니다.

> 만군의 여호와여 주께 의지하는 자는 복이 있나이다. (12절)

결국 성전을 사모하는 마음이란 하나님을 믿고 의지하는 그 마음
입니다. 여호와를 방패로 믿는 믿음입니다. 하나님을 우리의 보호
자로 믿는 마음입니다. 하나님을 우리의 아버지로 믿고 따르는 그
마음입니다. 우리의 죄를 사하여 주시는 하나님께 의지하는 마음

입니다. 이 시인이 성전을 사모하는 것은 여호와 하나님을 의지하기 때문입니다. 사랑하기 때문입니다. 하나님께서 자기를 지켜주실 것을 믿기 때문입니다.

신약시대의 성도인 우리들은 이 말씀을 어떻게 적용시켜야 하겠습니까? 이를 위해서 우리는 앞의 설교들을 떠올려 보아야 합니다. 성전이 뭡니까? 성전에서 우리는 뭘 배워야 합니까? '하나님께서 당신의 백성과 함께 하시고 싶어 하시는 하나님의 사랑'입니다. 그렇다면 하나님의 성전, 하나님의 장막, 하나님의 궁정을 사모한다는 이 시인의 노래는 무엇을 의미합니까? '우리 가운데 와 계시고 우리를 만나고 싶어 하시는 그 하나님을 우리도 간절히 만나고 싶어 한다'라는 하나님을 향한 사랑을 말합니다. 당신의 백성과 함께 하시고 싶어 하시는 그 하나님의 사랑에 우리가 반응해서 우리도 그 하나님을 만나고 싶어 하고 그 하나님과 함께하고 싶어 하는 그 사랑을 지금 표현하고 있습니다. 하나님의 얼굴을 뵈옵길 간절히 원하는 하나님을 향한 사랑입니다. 그 사랑으로 인한 가슴 설렘입니다.

성전에 관해 살펴보면서 수차례 이 표현을 했었습니다. 성전이라는 단어만 보면 가슴 답답해지는 현상은 우리의 신앙을 위험하게 하고 있습니다. 잊지 말아야 합니다. 기억해야 합니다. '성전'이라는 단어를 들을 때 마다 우리랑 같이 계시고 싶어 하시는 그 하나님을 생각해야 합니다. 그렇기에 성전을 생각할 때마다 그 하나님을 향한 사랑이 우리 속에서 끓어올라야 하고 그 하나님을 뵈옵고 싶어 하는 마음 때문에 우리의 마음이 설레고 두근거려야 합니다.

열한 번에 걸쳐서 우리는 성전에 대해서 살펴보았습니다. 이제 오늘 이 말씀으로 이 성전에 대한 설교를 일단 마무리 짓고자 합니다. 사랑하는 성도 여러분. 주님의 성전을 생각하면서, 성전이신 주님을 생각하면서 지금 우리의 마음에 설렘이 있습니까? 그 성전을 너무 사모하고 거기에 계시는 하나님을 뵙고 싶은 마음이 간절해서 숨이 가빠오고 우리의 몸이, 우리의 마음이 쇠약해지기까지 하노라고 말할 수 있습니까?

사랑하는 성도 여러분. 주님을 향한 이 간절한 사랑이 우리의 마음에 샘솟아 나기를 진심으로 원합니다. 여러분들의 마음에 시온의 대로가 있기를 간절히 소망합니다. 그리하여서 언제라도 곧바로 하나님 앞에 설 수 있기를 바랍니다.

제가 중학생 시절에 정말 힘겨운 통학생활을 했었습니다. 우리 동네에서 버스를 타고 세 정류장만 지나면 사람들이 정말 많이도 탑니다. 버스를 고무로 만들었나 싶을 만큼 사람들이 계속 탑니다. 사람들이 복잡한 버스 계단에 겨우 올라서기만 하면 그 승객들 뒤에서 안내양이 손잡이를 두 팔로 잡고 버텨 냅니다. 그러면 운전사가 곡예운전을 합니다. 차를 좌우로 흔들어 사람이 싹 몰리면 안내양은 잽싸게 문을 닫습니다. 서커스가 따로 없죠. 버스 안은 정말 복잡합니다. 심지어 가방을 들고 있다가 어쩌다가 가방을 놔도 가방이 바닥에 안 떨어집니다. 사람이 너무 많아서요. 아침에 밥 많이 먹고 집을 나서도 버스에서 시달리고 나면 내려서 학교까지 걸어갈 힘이 없어지곤 합니다. 지금 제가 경험한 가장 복잡한 곳을 말씀 드렸습니다. 그런 곳에서도 눈을 감고 마음의 창을 다 닫아버리면 그리고 나면 곧바로 그 자리에 바로 오실 것 같은, 바로 내 앞에 서 계실 것 같은 그 주님을 사모하고 만날 수 있는 마음. 바로 오늘 시인이 노래하는 내용입니다.

우리 주님께서는 다르게 설명하신 바가 있습니다. 우리의 마음의 창을 다 닫고 나면 곧바로 하늘에 계신 하나님을 뵐 수 있을 것 같은 곳. 남의 눈을 의식하지 않고 하나님을 만날 수 있는 곳, 그곳이 어떤 곳이라고 하셨습니까? 골방입니다(마 6:6).

우리의 마음에 시온의 대로가 있기를 원합니다. 여러분들이 정말 언제나 늘 성전에서 살 수 있기를 바랍니다. 주님께서 말씀하신 바로 그 골방에서 사시기 바랍니다.

하나님은 당신의 백성과 함께 하시고 싶어하십니다. 이를 위해서 하나님은 모든 노력을 다 하셨습니다. 마침내 당신의 아드님을 보내서서 번제단의 제물로 삼으시기까지 하셨습니다. 그토록 함께 하시고 싶어 하시는 하나님, 그 하나님의 사랑을 성전을 통해서 봤습니다. 그리고 이제 오늘 그 하나님을 향한 우리의 사랑이 어떠해야 하는지도 살펴보았습니다. 주님의 임재를, 우리 안에 와 계시고 싶어 하시는 하나님을 사랑하는 하나님의 백성의 고백을 들어 보았습니다.

> "내가 주의 장막을 어찌 그렇게 사랑하는지요, 얼마나 사랑하는지요, 내 영이 주를 사모합니다."

이렇게 찬송하며 살아갈 수 있는 우리의 복된 삶이 되기를 진심으로 기도합니다.

1 성전은 '임마누엘'의 약속입니다. 성전은 우리와 함께 하시고 싶어 하시는 하나님의 사랑이 반영된 곳입니다. 이제 그 하나님의 사랑인 성전을 대하는 구약 성도의 태도를 살펴보고자 합니다.

본문에는 성전/성막을 지칭하는 단어가 몇 가지나 있는지 찾아 적어봅시다.

2 이 시인은 여호와의 장막을 사랑한다고 말했습니다. 그렇다면 성막을 사모하는 이 정신이 신약 시대의 우리에게는 어떤 마음이어야 할까요?

3 그 답에 비추어 2절 말씀도 생각해 봅시다. 여호와의 궁정을 사모하는 그의 영혼이 쇠약해졌다고 합니다. 여러분은 어떠합니까?

4 너무 익숙해지면 중요성을 가끔 잊는 경우가 있기 마련입니다. 하나님을 시인은 '나의 왕'이라고 고백합니다. 우리 역시 많은 찬송을 통해 예수님을, 혹은 하나님을 '왕'이시며 '주(主)'이시라고 고백합니다. 그런데 우리의 삶은 정말 그분을 왕으로 인정하는 그 백성으로서의 삶을 보여주고 있습니까?

5 성전에서 보금자리를 얻은 참새와 제비에 빗대어 하나님 앞에서 '작은' 자신의 존재를 설명하고 있어 보입니다. 참새와 제비가 하나님의 집에서 보금자리를 얻고 거기서 새끼를 키우는 모습을 보면서 이 시인은 왜 감격스러워 합니까?

6 그 마음에 '시온의 대로'가 있는 사람이 복된 사람이라고 했습니다. 그런 사람 앞은 메마른 골짜기를 지나면서도 그 곳을 오아시스로, 푸른 숲으로 바

꿰놓는답니다.

　　여러분은 그런 '시온의 대로'가 있습니까? 혹은 예전에는 있었는데 지금은 아니라고 느끼신다면, 그 대로 보수공사를 빨리 해야하지 않을까요? 어떻게 고칠 수 있는지 아시겠죠?

7 하나님은 어떤 사람에게 '좋은 것'을 아끼지 않고 주십니까?(11절)

8 로마서 8:32에 의하면 가장 좋은 것은 무엇입니까? _____
_____

여러분이 그리스도를 '가졌습니까?' '예'라고 답할 수 있다면 그 다음 질문을 해 봅시다. 여러분의 기도는 욕심꾸러기의 기도는 아닙니까? 이미 받은 선물보다 더 귀한 것은 없다고 고백하십니까? 주 예수보다 더 귀한 것은 없노라고 고백할 수 있습니까?

9 오늘 공부한 마지막 마당, 그리고 이 책 전체에 대한 결론적인 질문입니다. '성전'을 생각하면 가슴이 설렙니까? 아니면 아직도 가슴이 답답합니까? 행여 가슴 답답함은 없다하더라고 '설렘'이 없다면 이 역시 심각한 증상입니다.

"성전은 하나님의 사랑이 표현된 집입니다. 그리고 그 성전을 생각하면 하나님의 백성의 가슴은 설렙니다." 이것이 이 책에서 말하고자 하는 핵심입니다. 이를 줄여서 책 제목으로 삼았습니다. 『성전, 사랑과 그 설렘』

참고도서

독자분들에게 도움이 될까 해서 제가 참고했던 책 제목을 적어둡니다.

New Dictionary of Biblical Theology *(IVP), 2000*

G. K. Beale, The Temple and the Church's Mission, *Downers Grove:IVP, 2004*

T. Desmond Alexander ed., Heaven on Earth : The Temple in Biblical Theology, *Paternoster, 2004*
이 책이 최근에 번역되어 나왔습니다. 『성전신학』(새물결플러스)

Tremper Longman Ⅲ, Immanuel in Our Place, *Presbyterian and Reformed, 2001*
이 책은 『우리 안에 거하시는 하나님』이라는 이름으로 번역 출간되어 있습니다. 서울:개혁주의신학사

기 동연, 성전과 제사에서 그리스도를 만나다, 서울:생명의 양식, 2008
우리 말로 된 성전에 관한 제대로 된 책이 흔하지 않음을 생각해볼 때 아주 귀한 책입니다. 하지만
유대교의 해석을 그대로 다 받아들이는 듯한 느낌이 들어 당혹케 하는 면이 없지 않아 보입니다.

계시록은 다음 책들을 주로 참고하였습니다.

G. K. Beale, The Book of Revelation, *NIGTC, 1999*

Richard Baukham, The Climax of Prophecy, *T&T Clark, 1993*

G. B. Caird, The Revelation of Saint John, *Hendrickson Publisher, 1966*

Vern S. Poythress, The Returning King, *P&R, 2000*
위의 Beale 주석과 접근법이 유사하다고 저자 서문에서 밝히고 있습니다. 간략한 주석도, 방대한 주
석도 다 유익할 수 있음을 두 책을 비교해보면서 느낄 수 있었습니다. 기쁘게도 이 책은 우리말로 번
역 출간되어 있습니다. 『요한계시록맥잡기』 크리스찬서적, 2002

윌렴 헨드릭슨, 요한계시록, 아가페출판사, 1983

고려신학대학원 교수회, 요한계시록 주석, 총회출판국(고신), 2009
신천지를 비롯한 이단들의 발호 때문에 고신 총회 유사기독교연구소(소장 최병규 박사)에서 기획해
서 나온 책입니다. '한국의 목회자를 위한 교재를 목표로 집필했다고 합니다. 그래서 복잡한 논의는
피하고 간결하게 해설했다고 머리말에서 밝히고 있습니다. 정말 핵심을 잘 짚어주고 있는 귀한 책
입니다. 하지만 너무 간략해서 다소 아쉬움이 남습니다.